和製英語

伝わらない単語、誤解される言葉

スティーブン・ウォルシュ

角川文庫
22014

はじめに

　この本は、世にも珍しい、和製英語の解説書です。

　和製英語とは、英語によく似ているけれど英語ではない、日本生まれの言葉のこと。だから和製英語は、日本人にしか通じません。伝わらないだけでなく、英国で生まれ育った私のような人が耳にすると、あらぬ誤解を呼んでしまうばかりか、奇妙な妄想や恥ずかしい想像をかきたててしまうことさえあります。

　だからといって私は、和製英語をくさすつもりはまったくありません。また、どこかに（いわゆる「ネイティヴ・スピーカー」の頭の中に？）「真の英語」というものがあって、そこにしか価値がないと主張するのでもありません。

　和製英語とは、文化のちがいと、異文化コミュニケーションの問題なのです。こんな昔話があります。

　16世紀のこと。イギリスの船が、九州の辺鄙な村に漂着しました。台風で荒れ狂う海で航路を見失い、マストは壊れ、食糧も尽き、ようやく陸地にたどり着いたのです。船員たちは疲れ果て、身体を壊し、多くは壊血病

に苦しんでいました。小さな漁村には、英語を理解する村人などいません。しかし村人たちは、新鮮な食べ物が必要だと気づき、ミカンを山ほど運んできました。船員たちは、むさぼるように手を伸ばし、ミカンをあっという間に平らげます。そして船員たちは、こう尋ねました。「この美味しい果物の名前は何ですか？」 村人にとって、ミカンはありふれた果実でしたから、まさかその名前を聞いているとは思いません。村人は「ここはどこなのか？」と問われたのだと勘違いして、「薩摩だ」と答えました。

　こうして健康を回復し、船を修理した英国人たちは、村人たちへの感謝とともに自国を目指して漕ぎ出してゆきました。もちろんこの素晴らしい新発見の果実、「サツマ」を船に積んで。だから21世紀になった今でも、イギリスで「SATSUMA」は冬の果物として親しまれ、子供たちが暖炉に吊るすクリスマスの靴下にも、プレゼントと一緒に、おいしいサツマがひとつふたつ入っているのです。

　この話の歴史な信憑性はあいまいで、まったくの作り話かもしれません。でも、いわば「英製和語」をめぐるこの昔話は、文化や言語が異なる人たちが出会い、交流を図るときに、間違いや誤解は避けて通れないのだ、と

いうことを物語っているように思われます。異文化や外国語に触れたとき、私たちは恥ずかしい思いをすることもありますが、たいていの場合は愉快で面白く、常に双方の興味深い側面を明らかにしてくれるのです。

　ビジネスの世界で成功した人やトップアスリートの多くが、うまくいったときよりも失敗したときにこそ多くを学ぶ、と言います。異文化コミュニケーションも同じです。私自身、日本で言語や文化にかんする教育や執筆に携わるようになって30年が経ちますが、もっとも多くの学びを得たのは、言葉にかんする誤解や間違いを通じてだったと思っています。日本や日本の友人についてだけでなく、私自身についても同様です。

　だから私は、和製英語に愛着をもっているのです。和製英語による困惑は、例えば「フリーマーケット」のように単純に日本語と英語の発音の違いによるものもあれば、「レントゲン」や「オードブル」のように、他の外国語を英語とみなすことによっても生じます。たとえば「サラリーマン」のように、日本社会に根ざした言葉、日本独特の現象を説明する言葉として、逆に英語になってしまうものもあります。日本人の言葉遊びや単語の組み合わせのセンスが育んだ和製英語の中には、私自身、英語として活用したい言葉がたくさんあります。

この本を読みさえすれば、あなたの英語力がすぐに向上するというわけではないかもしれません。でも、あなたが、英語やほかの外国語をつかうとき、誤解や失敗を恐れることなく、自信をもって、言葉の違いを楽しめるようになってほしい、という思いをこの本に込めました。

　外国語で意思の疎通を図ることは、まったくもって骨の折れることです。同じ言語を話す人と人との間にさえ「完璧なコミュニケーション」など存在しないのですから、そんなことを目指すのはやめて、「完璧なコミュニケーション」などというものは不可能なのだ、という事実を私たちは楽しむべきなのです。

　和製英語の世界は、常に新鮮な驚きで満ち溢れています。毎年のように新しい言葉が生まれ、日本語の中に溶け込み、新しい発見に終わりはありません。この本で垣間見る和製英語の世界が、あなたの好奇心をも満たす「果実」となることを願っています。

　　2020年1月

　　　　　　　　　　　スティーブン・ウォルシュ

目次

3章　奇妙な語感

4章　よくある間違い

5章　恥ずかしい誤解

本文デザイン　國枝達也

1章　妄想を呼ぶ誤解

ボディチェック

body check

● こう聞こえるかも——相手の動きを体で阻止すること
● 英語では—— frisk / security check / body search

　英語圏の国を訪れるのが生まれてはじめてなら、空港
に降り立ったときにちょっと不安な気分になるのは当然
のことでしょう。自分の英語は通じるだろうかという心
配に加え、入国管理や税関の職員は威嚇的であるかもし
れません。少なくとも優しいことで有名な人たちではな
いのです。しかしながら、「ボディチェック」の心配は
ありません。ボディチェックという言葉は和製英語だか
らです。

　昨今の重警備体制の世の中では、空港でボディサーチ
（body search）やセキュリティチェック（security check）
を受けることもあるかもしれません。しかし、ボディチ
ェック（body check）というものは、運動場でされるこ
とはあったとしても決して空港でされることはないので
す。

　日本の友人がロンドンのヒースロー空港に入国する際

に、税関でボディチェックされたと聞いて驚きました。私は頭の中で、陰気くさくスキンヘッドの、傷だらけで原始人的な顔つきをした役人がひょろひょろと細い私の友人を空港ロビーの端から端まで突き飛ばすありさまを思い描きました。

友人が使った和製英語のボディチェックという言葉を英語の body check のことだと思った私が思い浮かべたのは、ラグビーやアイスホッケーでも特に乱暴な選手が使っている、相手をブロックするために体当たりの攻撃をするときの動作でした。和製英語のボディチェックを意味する英語の言葉は、セキュリティチェック（security check）やフリスク（frisk）です。特に厳しいチェックにはボディサーチ（body search）という言葉を使います（おそらく税関の役人が人間に触れる唯一の機会でしょう！）。

入国の際に嫌な目に遭わないために、次のアドバイスを覚えておいてください。冗談を言わないこと、愛想よくしようとしないこと、答えだけを簡潔に述べること、そして body check されるときのためにマウスピースを忘れずに！

ところで、偶然にもこれを読んでいるあなたが入国管理官か税関吏であったなら、私が旅行の際にあなたに出

会うかもしれないことを考えてひとこと言っておきます
ね。
「もちろん私はこの文で大げさに言っていたのでありま
すし、あなた様は例外でございまして、同じ職業のほか
の人たちとはまったくちがって魅力的で頭が切れるし素
敵でございます!!」

OK

You're asking for a body search if you go through Customs wearing
dreadlocks and an "I love marijuana" T-shirt.
ドレッドヘアーと「アイ・ラブ・マリファナ」のTシャツで税関を通るなん
て、ボディサーチをしてくれと言っているようなものだよ。

NG

Do you think if I ask, that sexy customs officer will give me a body
check?
あのセクシーな税関吏に頼んだらボディチェックしてくれるかなあ。

ダンプカー

dump car

● こう聞こえるかも――トイレのある車両（？）、ゴミだらけの車
● 英語では―― dump truck

　かつてダンプ松本という名の強力な女子プロレスラーがいたのをご存じですか？　日本人の友人たちは、どうして私が彼女の名前を聞くたびに子供のように笑うのか、ちっとも分かりませんでした。

　イギリス英語を話す者にとって、ダンプカーという日本語は聞くたびに子供っぽいクスクス笑いを誘います。まあもちろんその人の精神年齢によりますけれどね。アメリカではその種の車を dump truck と呼ぶので、アメリカ英語を話す人には、dump car のどこがおもしろいのか理解に苦しむかもしれません。

　まず最初の問題は、dump という動詞はいろいろな意味を持つという事実。最もよく使われる意味は、ゴミの収集や処理とか、何かをぞんざいに投げるとかいったものです。ここには何の問題もありません。しかしながら

くだけた使い方として、誰かとの恋愛関係を終わらせるとか、恋人だった人を捨てる、もしくは take a dump という成句として、排便するという意味があるのです（米語を話す人たちは、誰かを冷遇するとか誰かを厳しく批判するという意の dump on someone という成句も使います）。そういうわけで、子供っぽさが残る我らがイギリスの友人たちは、restaurant car や sleeper car と類比して、dump car を電車でトイレのある車両、と考えがちなのです。日本人が英語で "There's a dump car parked around the corner."（そこの角にダンプカーが停まってるよ）と言ったら混乱を招くでしょう。

　しかしながら、名詞としての dump はふつう、ゴミ置き場のこと（「市のゴミ置き場」のように）や、不快で不潔な場所を意味します。みなさんも、子供のときにはよく両親に "Tidy your room; it's a right dump!"（自分の部屋を片づけなさい。ゴミ捨て場みたいじゃない！）としかられたことでしょう。または、街の怪しげな界隈にある特定のクラブは a bit of a dump（ちょっと裏さびれている）なので、避けたりした経験もおありでしょう。

　実際のところ、和製英語 dump car は私が昔乗っていた車を言い表すのにぴったりだったかもしれません。着古された服やコンビニ弁当の食べ残し、古く黄ばんだ新

聞紙、その他もろもろのゴミが車内中に散らばったゴミ
捨て場のような乗用車だったのですから。

OK

She dumped me and started going out with Hitoshi, even though his
car's a heap and he lives in a dump.

彼女は僕を振って、ヒトシとつきあいはじめたよ。ヒトシの車はポンコツ
だし、家だってボロボロなのにさ。

NG

Even though he has worked his way up to become president of the
construction company, he still likes to drive a dump car now and
then.

建設会社の社長にのし上がったのに、彼はまだときどきゴミ捨て場みた
いな車を運転するのが好きなんだよ。

ガッツポーズ

guts pose

● こう聞こえるかも——腹わたハミ出しポーズ
● 英語では—— macho pose

　日本人の平和主義的イメージに反して、K-1やプライドといった格闘技の人気が日本では非常に高いことは意外でした。そして、格闘家がしてみせるおかしな格好がガッツポーズと呼ばれていることを知り、さらに驚きました。

　英語のガッツにはふたつの意味があります。ひとつは肉体的な、そしてもうひとつは精神的な意味です。肉体的な意味としては内臓、特に腹部にある臓器を指します。たとえば "Horror movies are often just full of blood and guts, with only a thin storyline."（ほとんどのホラー映画は血や内臓の映像ばかりで物語性はほとんどない）。他方、精神的な意味としては自己の道徳心の強さや決意を表します。たとえば "It takes guts to stand up to a bully."（いじめに立ち向かうには強い道徳心が必要だ）。

　道徳心が強い（guts）ということとふりをする（pose）

18

ということは矛盾します。ふりをするのは偽善であって決して道徳心ではないからです。そのため、私がガッツポーズという言葉を聞いたときに最初に浮かんだ印象は精神的な意味からとれる力や強さではなくて、肉体的な、不快で気持ち悪い何かを見せられる、ということでした。

　ガッツポーズから私が連想するのはレンブラントの絵画「ニコラース・テュルプ博士の解剖学講義」やダミアン・ハーストのオブジェ「賛美歌」などです（まあ、ハーストの場合、モダンアートのおおかたの例にもれず、彼の作品を芸術だと言い切るのにはガッツ〈勇気〉が要る！）。

　蛇足ながら、格闘家がしてみせるガッツポーズは、私が思うところ、子供向けの舞台劇に出てくる意地悪な魔女と同じくらい迫力に欠けるものです。

　でも、このことは格闘家たちには内緒にしておいてくださいよ。私には、力強くマッチョなあの方たちに面と向かって言うガッツはありませんからね！　ＯＫ牧場？

OK

I wish I had the guts to quit this awful job and go back to college, but I need the security of a steady income.

この最低な仕事を辞めて新しい勉強をする勇気があればいいけど、金銭面での安心も欲しい。

NG

How long do you want us to hold this guts pose, Mr Rembrandt? This guy's guts are making us a bit queasy, to say the least.

ねえ、レンブラントさん、あとどれくらいこのポーズをしていればいいんですか？　実はねえ、僕たちはこの人の解剖されている腕を見ていてちょっと気分が悪くなっちゃったんですけど。

ハーフ

half

● こう聞こえるかも──半分人間
● 英語では── Eurasian（欧亜系の人）とか African-Asian（アフリカ系アジア人）または part-Chinese とか part-English などと言う

　たとえば、イギリスやアメリカ、そしてオーストラリアと比べると、その人種的・文化的背景がほとんど同質であることが多い日本人は、ほかの人の人種的背景に非常に興味を持つようです。日本人の友達によく聞かれるのは、異人種の両親を持つ人をどう呼ぶのが正しいのかということです。この「正しい呼び方」というのは、最も正確かつ最も無礼でない呼び方という意味です。いくつかの呼び方の中で最も聞き苦しく、怠惰で、許しがたい呼び方は、残念ながら、日本人が複数のルーツをもつ人を指して最もよく使う「ハーフ」という言葉です。
　ハーフ（half）という言葉を使って複数の文化的背景を持つ人を指した英語表現で、昨今では社会的に許されないもののいくつかには half-breed や half-blood、それ

から half-caste などがあります。これらが英語圏で使用が避けられるようになったのは、half という表現が数量的に不足がある（グラス半分のビールはグラス一杯のビールに劣る）とみなしていたり、その人の血統（純粋種と比べたときの雑種）に対する動物的な見解を表しているからです。ハリー・ポッターシリーズの原作者として有名な J. K. ローリングは half-blood という言葉を本のタイトルのひとつに使用しました。だからと言って、その言葉は世間で一般的に容認されるということではありません。

　日本語でいう「ハーフ」は、本来の英語表現を怠惰に短縮したことからより一層無礼になります。そしてもし、ただ単に誰かのことを「ハーフ」だと言ったら、外国人にはその意味するところがはっきりしません。彼は半分人間で半分サイボーグなのか？　それとも、上半身だけ人間で下半分はレゴで作ってあるのか？　彼をうしろ向きにさせたら体のうしろ半分はないのか？　もし、彼は半分日本人だと言ったら、次の問題は、いったいどの半分が日本人なのか？　彼の体の細胞のうち、きっかり50％が日本人だということでしょうか？　どの50％？　それとも彼の考えの50％？　彼は50％だけしか日本の言葉が分からないのでしょうか？　日本の法の下で50

％の権利しかないということですか？　お分かりのように、「ハーフ」という言葉は無礼なだけでなく、意味のない言葉なのです。

　Half を使い、不完全さや欠損を表すほかの英語表現には half-baked idea（熟考されていない計画）や half-arsed attempt（全力で努力していない）、half-hearted response（おざなりの反応）、それから half-measure（不十分な活動や対策）などがあります。

　Half を使い、不足の意味は持たない英語表現には half-brother と half-sister（これは人種的な背景を表しているのではなく、母親違いの妹、父親違いの兄などただ単に、兄弟姉妹各々の両親のうち片親だけが共通していることを表している）や half one（half-past one〈1時30分〉の短縮形）、not half（完全に、絶対に、きわめて）、too clever by half（頭がよすぎる、ずる賢い）、half-term（学校の学期中間休み）、それからスポーツ界からは、half nelson（レスリングの技）や half-volley（サッカーやテニスで、いちど地面から跳ね上がった球を打つこと）などがあります。

　ふつうの会話で、相手の人種的背景に重きをおくべきではありません。しかし、もし聞かなければならないときの望ましい表現としては、たとえば Eurasian（欧亜系の人）や African-Asian（アフリカ系アジア人）など、また

は part-English（イギリスの血が入った人）や part-Chinese（中国の血が入った人）などが挙げられます。もちろんただ単に「どこの出身ですか？」（'Where are you from?'）と聞いてもよいでしょうし、それに対しては「埼玉県で生まれましたが、父はブラジル人で母は日本人です」などの答えが返ってくるかもしれません。あるいは 'Where are your parents originally from?'（「ご両親は元々どちらのご出身なんですか？」）などと聞いてもよいかもしれません。しかし英語では「ハーフ」という言葉は使わないようにしてください。誰かに「ハーフですか」と聞いても half-hearted response を得るだけですし、最悪の場合には half nelson や half-volley を仕掛けられてしまいますよ！

OK

Could I have a pint of bitter for my friend, please; and as I'm part-Irish, I'll have half a Guinness and a Tullamore Dew.

こちらの友人にはビター・ビールを1パイント、そして、私はアイルランドの血が入っているので、ギネス・ビールを半パイントと、タラモア・デュー・ウイスキーをいただけますか。

NG

We saw a really beautiful child on the train, but she was so tiny. She looked like a half.

電車の中でとてもかわいい子供を見かけたが、すごく小さかったので半分しかないみたいだった。

ヘディングシュート

heading shoot

● こう聞こえるかも——頭を撃つこと(?)、頭を使うのか
足を使うのか意味不明
● 英語では—— header

　スポーツはしばしば世界共通語だと評されます。もし
それが事実なら、日本語のサッカー解説を聞くことはエ
スペラント語を聞くことと感覚的には同じはずです。で
も、やはり基本的には難解な言語にすぎません。

　日本の解説者は英語のサッカー用語を多く採用してい
ますが、たいていの言葉は 100％正確に使われているわ
けではなく、和製英語が導入されています。その一例と
して挙げられるのが、よく使われる言葉ですが「ヘディ
ングシュート」です。この言葉は、おかしくもあります
が、同時に哀しい記憶を呼び起こす言葉でもあります。

　それはおそらくサッカー史上において最大の悲劇だっ
たでしょう。1994年のワールドカップで、決勝トーナ
メントに進むためには、コロンビアはその試合でアメリ
カに対し少なくとも引き分けの結果が必要でした。とこ

ろが、コロンビアのアンドレス・エスコバール選手が自殺点を入れたためにアメリカが勝ち進み、コロンビアチームは予想よりずっと早く敗退して帰国する結果となってしまったのです。

　帰国後のコロンビアでエスコバール選手は報道陣に対し、あの不幸なゴールで「世界が終わったわけではない」と語りました。ところが悲惨なことに、エスコバール選手にとっては世界の終わりであったのです。10日後、彼は３人の男たちによって拳銃で頭と胸を12回も撃たれその生涯を終えたのです。男たちは一撃ちごとに「ゴール！」と叫んだそうです。

　サッカー選手が自殺点を入れるたびに、私はアンドレス・エスコバールの哀しい運命を思い出します。そして、日本のサッカー解説者が「ヘディングシュート」という言葉を使うのをはじめて聞いたときにも、私はエスコバール選手のことを思い浮かべました――えっ？　どういうこと？　ヘッダー（頭でボールをうつこと）だったのかい？　それともシュート（足で蹴ってゴールしようとする）したのかい？　それとももしかしてその選手のヘッダーが下手すぎで、解説者が選手のヘッド（頭）を拳銃でシュート（撃つ）したいと言ったのかい？

　英語では diving header（ダイビング・ヘッダー）、glancing

header（グランシング・ヘッダー）、または powerful header
（パワフル・ヘッダー）などという表現をよく使います。
そして、heading the Blues in front（青チームがヘッダーに
よるゴールで１点リードしている）、とか heading in off
the post（ヘッダーでゴールポスト経由で得点する）、など
という使い方もします。しかし、ヘディングシュートと
いう表現は使いません。

　もしも選手を褒めたいなら "Nice header"（今のヘッ
ダーは上手かったね）とか "Brilliant shot"（上手く蹴った
ね）などと言えるでしょう。ちなみにボール競技におい
て「シュート」は動詞として使われます。名詞ならば
「ショット」です。私のふるさとのホームグラウンドで
は、"Pathetic header"（どうしようもないヘッダーだな
あ）とか "Terrible shot"（下手くそに蹴ったねえ）、それ
からもしくは "What the hell was that？"（なんじゃそり
ゃ!?）などという表現がよく飛び交っています。

　ほとんどのネイティヴスピーカーに「ヘディングシュ
ート」という表現はだいたい感覚的に通じはしますが、
非常にわかりづらい英語です。そして、かわいそうなア
ンドレス・エスコバール——何百万人という人たちが楽
しみ、彼にとっても人生の中心であったサッカーという
スポーツで自国を代表したために亡くなった男——を思

い出す、私のような人間もいるのです。

　最後に明るい話題。イギリスではリバプールＦＣの監督であった、故ビル・シャンクリーの言葉がよく引用されます。'Some people believe football is a matter of life and death, I can assure you it is much, much more important than that.'（「サッカーは生死の問題ではない。それよりももっとずっと重要である」）。この言葉は、グリーティングカードやマグカップ、Ｔシャツといったさまざまなサッカーグッズによく使われているのが見られます。そしておそらく、多くのサッカーファンの心にも深く刻まれていることでしょう。

OK

What a donkey! If I sent a header as wide as that from 2 yards, I'd go and shoot myself.

なんて下手な選手！　２ヤードしか離れていないところにヘッダーであんなにゴールを外すなんて、僕だったらとっとと家に帰って自分の頭をぶち抜くよ。

NG

Nice heading shoot.

上手いヘディングシュートだなあ。

ハイテンション

high tension

● こう聞こえるかも —— 高圧電流
● 英語では —— excitable / overexcited / carried away

　あるとき私は、近所に住むある人が小さな息子さんを、何か電気の拷問器具を使って小さな部屋に閉じこめて虐待しているにちがいないと思いました。それは、彼女が使っていた「ハイテンション」と「ランドセル」というふたつの言葉だけを耳にしてまったく誤訳してしまったからです。そういうことになったのは、彼女と近所の人の会話を立ち聞きした私に、バチがあたったのでしょう。

　そのご近所さんは（そういうもののせいで最近の子育ての評価が落ちていますが）支配魔の規律屋です。人前で自分の子供の髪や服にひっきりなしに世話を焼いて、誰かがその子に質問するといつも自分がかわって答えています。まあ、彼はちょっと困った子で、すごくそうぞうしくて乱暴なんですけどね。

　そういうわけで、その子についての会話らしい、ハイテンションとランドセルに注意がいってしまったのです

（好意を持っている人よりも、敵意を持っている人の言うことをより注意して聞いてしまうのはなんとも不思議なことですよね）。

英語で、tension は気がかりや心配な気持ちを表すのに使われます。たとえばサッカーの日本 vs. 北朝鮮戦の雰囲気を表現するのに、tension-filled だと言ったりします。

しかしながら、high tension は電気機械で、高圧であることを示す専門用語です。だからハイテンションという言葉を耳にしたとき、私の豊かすぎる想像力が、アメリカ軍刑務所で頭巾をかぶされた囚人が高圧ワイヤーをとりつけられている姿を思い起こさせてしまったのです。

そして、いたるところで見られる箱のような鞄で、日本の小さな子供たちが、電車のドアに挟まれて身動きがとれなくなるようにするために使うものである「ランドセル」という言葉は、当時まだ日本での生活が短かった私はそれまで聞いたことがありませんでした。

ちなみに、この「ランドセル」もまたオランダ語からとりいれられた言葉だそうです。けれども私の耳には彼女が、息子を閉じこめるための、壁などにわざとぶつかって自分を傷つけることも隅にしゃがみこんで隠れることもできない、つめものをされた丸い防音室である、round

cell（ラウンドセル）について話しているように聞こえた
のです。

　おそらくご近所さんは、ただ単に、自分の息子がそう
ぞうしく興奮しやすい性質だということと、伝統的な小
学校用の鞄を入学に先がけて買ってあげたということを
話していたのでしょう。そういう性質を指す和製英語が
ハイテンションだったのですし、鞄はランドセルと呼ば
れるのでした。今は、自分がばかげていて彼女の会話を
ちょっと聞いただけで結末に飛びついてしまったことに
罪悪感を感じます。

OK

He's not much fun to be with when he gets carried away.
彼はテンションが高くなってくると、一緒にいても楽しくないよ。

NG

Be careful around him; he's a bit dangerous when he becomes high
tension.
彼の近くでは気をつけなよ。電圧が高くなるとちょっと危ないからね。

リフティング

lifting

● こう聞こえるかも——（手で）つまみ上げる、万引き
● 英語では—— keepy-uppy

　先日、ヨーロッパサッカーチームのレプリカシャツを着てぼろぼろのボールを持った近所の中学生が笑いながら冗談を言いあっているのに出くわしました。軽く挨拶をしてこれから何をしにいくのか尋ねると「ちょっとリフティングをしにいくところなんですよ」という答えが返ってきたのです。私は自分の耳を疑いました！　私の頭の中では、このあどけない純粋な男の子たちが犯罪の世界にまっさかさまに転げ落ちていくイメージがチラついていました。私は、彼らの両親にこのことを教えにいかなくてはならないと思いました。私はまたも和製英語のせいで恥ずかしい誤解をしてしまったのでありました。

　英語でリフティングという単語は、足ではなくて手を使って何かをすることに使います。たとえば "The captain proudly lifted the cup after his team's 2-1 victory in the final."（そのチームのキャプテンは決勝戦で2対1で

勝ち優勝カップを高々と持ち上げた）というように。

　しかしながら、英語のリフティングという語には俗に盗みに関係した意味もあるのです。たとえば "That song's melody was lifted from Beethoven."（あの曲のメロディーはベートーベンから盗用したんじゃないか）。そして、特に万引き（shoplifting）という意味で広く使われます。だから私は彼らの答えの意味を万引きと誤解して驚いたのです。

　足や頭を使ってサッカーボールを地面に着かないようにする遊びは日本語ではリフティングとして知られているかもしれませんが、英語ではキーピーアッピー（keepy-uppy）という非常にかわいらしく子供っぽい名前がつけられています。"Do you lads fancy a quick game of keepy-uppy?"（ねえ、キーピーアッピーやらない？）というように誰かを誘ってみたらいいかもしれません。

　先の少年たちの両親は私の勘違いを正して安心させてくれましたが、今度は彼らが、たとえば公園などで私の姿を見るたびに、いつも笑い転げています。さて、これは英国人である私が英語である lifting という言葉の意味を解さないことはおかしいと思うからなのでしょうか？それとも、私のキーピーアッピーの最高記録がたったの８回で、しかもそのあとは上がった息を整えるためにそ

の場に座りこむはめになったということを彼らが知って
いるからなのでしょうか？　どちらの理由から笑われて
いるのかはわかりません。

OK

Milene Domingues, Ronaldo's former wife, once held the World
Record for keepy-uppy - 55,000 solos over nine hours.
ロナウドの元妻であるミレーネ・ドミンゲスは9時間で5万5千回という
キーピーアッピーの世界記録を成し遂げたことがある。

NG

Bobby Moore's powerful and nimble feet were perfect for lifting.
ボビー・ムーアの力強くすばしっこい足はリフティングに最適であった
（ちなみにイングランドチームの偉大なキャプテンであったボビー・ムーア
は1970年メキシコワールドカップの直前にコロンビアで金とエメラルドの
高価なネックレスを万引きした疑いで逮捕されたことがある）。

ロスタイム

loss time

● こう聞こえるかも――無駄にした時間 / lost time
● 英語では―― injury time / stoppage time / time added on
/ additional time

　サッカーの日本代表チームが、残り試合時間数分のと
ころ3対0で勝っているのを観ていると「ロスタイム」
に入りますというアナウンスが聞こえてきたので驚きました。
なぜなら英語で loss とは敗北という意味だからです。
　3点差で残り時間はあとわずかなのに、このアナウン
サーはなんて悲観的なのだろうと思いました。それとも、
もしかしたら彼がその試合時間は無駄な時間だった、も
っと有効に使われるべきだったという意味で、「ロス
ト・タイム」と言ったのを私が聞きまちがえたのだろう
かとも思いました。でも、日本は負けなかったし試合は
非常に見ごたえのあるものでした。そんなわけで、きっ
と何か誤解があるにちがいないと思ったのです。
　想像してください。暗くじめじめした11月の土曜日
の午後、ほかの数百人の暗い人たちと一緒に立って、昔

の戦争ニュース映画を思い起こさせる暴風雨に荒らされた沼地をじっと見つめている。午後4時40分。リーグ2から動けずにいる地元サッカーチーム。その太って不健康そうなO脚の「英雄」たちが、我々の町と同様に今は不景気だけれど、昔は産業で栄えていた町の、これまた似たり寄ったりに太って不健康そうでO脚の英雄たちとかろうじて0-0の同点を保っている。慰めといえば大切に持っている半分残った冷めてしまったボブリル（現在流行りである白ワインのシャブリと小エビのサンドウィッチ以前にサッカーファンに人気があった牛肉抽出エキスの塩味の飲み物）が入った紙コップだけ。それを持ってこの気の滅入る儀式に毎週無駄に費やしている時間と金を反省する……。

　日本のサッカー解説者が、テレビの試合で最後のほうになって興奮気味に「ロスタイム」に入ります、と言ったのを再び私が聞いたときに頭に浮かんだのが、このイメージです。私は解説者が「ロスト・タイム（無駄にした時間）」と言ったのだと思ったのです。要するに、何万人ものイギリス人が毎週、まったく勝つチャンスのないそれぞれの地元チームを全国の試合グラウンドまで追いかけて観戦しにいくことによって無駄にした時間のイメージです。

あとになってあの解説者は「ロスト・タイム」ではな
く「ロス・タイム」と言ったのだと分かってきました。
それでもなお、同じようなイメージが頭の中に残ってい
ました。寒々とした土曜日の午後４時40分、あと５分
退屈な時間をすごしたら、暖かい家に帰れる。あとたっ
た５分、いつもどおりにすぐ忘れてしまう０－０の同点
を保てばいいだけだ。しかし今回は、相手チームのエー
スストライカー（中年。元アルコール依存症。後ろ髪が長い
けれどてっぺんはハゲである。昔懐かしいスタイルの口ひげ
を生やし、毛の生えた箸のような足をしている）がゴール前
の味噌のような泥の中からボールを掘り出して、足首の
うえを滑らせ、そのボールがうちの太ったセンターハー
フのケツで跳ね返り、ブルブルと震えたキーパーの横を
ノロノロとゴールに入っていった。それは「ロスタイ
ム」──ただ運がよかったからというだけで保たれてい
た同点が、やっぱりいつものように０－１での敗北（ロ
ス）に変わってしまった時間（タイム）……。
　通常の試合時間である90分が終わり、片方の監督は
じっとしていられず、怒りで顔を赤紫にし、レフェリー
に大声で叫びながら自分の腕時計をさかんに指差す。片
や彼のチームの選手たちはグラウンドの片隅でボールを
守ったままじっと動かない。これが英語で言うところの

injury time（ケガの時間）、stoppage time（停止時間）、または time added on（プラス時間）に突入するときです。これらを合わせてロスタイムという言葉が日本では使われていたのです。

　日本のサッカー中継でこの言葉が廃れ、アディショナルタイムという言葉にとって代わった現在では、ノスタルジックで哀しいイギリスのサッカー風景が私の脳内に呼び起こされるロスタイムも無くなりました。

　そして、衛星放送のおかげで、年俸過多で大げさなスーパースター選手たちを贅沢な肘掛け椅子から快適に観られるようになった現在においては time added on（プラス時間）はボーナスだとさえ言えるでしょう。逆に、私が若かった頃は、実際にグラウンドまで赴く以外には試合を観る手立てがなかったので、イギリスの暗くみじめな天気の中でのプラス時間は精神的にも肉体的にもつねに落胆と苦痛に傷つく時間でありました。だからこそ英語では injury time（ケガの時間）と呼ばれるのかもしれません。

OK

It was such a brilliant game! We wished the ref would add another 90 minutes of injury time.

いい試合だったなあ。レフェリーがあと90分アディショナルタイムを加えられればもっと観れてよかったのになあ。

NG

We've watched 90 minutes of this rubbish and now we have to suffer another six minutes of loss time.

90分もこのくだらないものを観たうえに、今度はあと6分も無駄な時間に耐えなくちゃならないよ。

モーニングサービス

morning service

● こう聞こえるかも──哀悼の儀式 / mourning service
● 英語では── breakfast menu

　外国語を学んでいる際の些細な間違いはたいていの場合重大ではありませんが、ばつが悪い思いをすることはときどきあります。

　私自身が恥ずかしい目に遭ったのは東京の高級ホテルに泊まったときのことでした。Mourning service（哀悼の式）と morning service（モーニングサービス）の混同から起こった間違いでしたが、たったアルファベット一文字の違いで何とも恥ずかしい思いをしたものです。

　二日酔いで視界がはっきりとしない中、私は朝食をとるために部屋からホテル内のレストランへと降りていきました。すると、レストランへ続く廊下にカタカナで書かれた何か重要そうな案内板が立っていました。私は日本酒のせいで朦朧とした視界で、どうにかその字を判読しようとしました。

　どうやらそれは「哀悼の式」についての案内らしかっ

たのですが、黒い服を着て哀しそうな様子をした人たち
は近くに見当たりませんでした。それで、式はおそらく
このあと午前中のもっと遅い時間からなのだろうなと思
ったのです。また、レストランも通常どおり朝食を用意
しているらしいのでとにかく中に入っていきました。も
ちろん、ムカつく胃に無理やり押しこもうとしたのはた
だのトーストとブラックコーヒーだけです。

　ひどい二日酔いと生まれついての不注意さのせいで、
私はビュッフェスタイルのテーブルのところで真面目そ
うな男性にぶつかってコーヒーをこぼしてしまいました。
彼は暗い色のスーツを着ているうえに楽しそうな顔では
なかったので、きっと彼は外で見たあの案内にあった哀
悼式に出席する人なのだろうなと見当をつけました。私
は彼に自分の無礼を謝り、「近しい人をお亡くしになっ
て、お悔やみを申し上げます」とぼそぼそとつけ加えま
した。不運なことに私は、朝食のメニューやおすすめの
朝食である「モーニングサービス」と、最近なくなった
人のための追悼の式である「モーニング・サービス」と
を混同してしまったのでした。

　流暢に英語を話したその男性は、東京で娘さんの結婚
式に参列したあとにホテルに一泊し、当日は沖縄に帰る
ことになっていました。幸運なことに彼はユーモアの持

ち主だったので（ゴーヤを食べて泡盛を飲むにはユーモア
が必要でしょう！）娘さんをほかの男性へ嫁がせ「なく
した」ことを私が彼に思い出させたのにもかかわらず、
気にしないで笑ってくれたのでした！

OK

Despite drinking whiskey all night at Mr Finnegan's wake, Jun
managed to finish off the café's morning special of tripe and pigs'
feet with relish.

フィネガンさんの通夜で夜通しウイスキーを飲んでいたのに、ジュンは
カフェでモツと豚足のモーニングサービスをおいしそうに平らげた。

NG

He whistled a merry tune as he headed off to enjoy the mourning
service.

葬式を楽しみに行く道すがら、彼は陽気な調子で口笛を吹いた。

ネイティヴチェッカー

native checker

● こう聞こえるかも──原住民調査官
● 英語では── proof reader / native-speaking proof reader

　英語を母国語とする者として、日本では教職、コピーライティング、それから真夏の炎天下、大きな着ぐるみを着てテーマパークで子供たちを歓迎する仕事などなど、やりがいがあっておもしろい仕事がいろいろありました。

　しかし、あるひとつの業種については、日本に来るまでいちども聞いたことがありませんでした。その仕事とは「ネイティヴチェッカー」です。

　その、長く、ほとんど栄光に満ちていない、植民の歴史を持つイギリス国民として、native という言葉は問題を含むことがあります。この言葉は現代英語では、誰か、もしくは何かが特定の場所で生まれたことを意味します。

　Native American では大文字が使われ、北および南アメリカ先住の民族グループのひとつに属することを意味します。そしてオーストラリア土着の多種類の動物を呼ぶのにも使われ、たとえばコアラは、かの地では native bears としても知られています。

　しかしながら、native という言葉は、かつてヨーロッパ人の入植者や旅行者たちによって、その国原住の非白色住人を指す、無礼な言葉として広く使われていました。私が有名な日本の会社に native checker の仕事を依頼されたとき、ほんの一瞬ですが、サファリ・ヘルメットをかぶり、白麻の三つ揃えを着てステッキをついた私が、ジャングルの僻地にある集落へと住民の健康状態と人口を調査しに出かける光景が頭に浮かびました。Native の人たちの checker（調査官）というわけです。

　Native checker という言葉は標準的な英語ではありません。英語を母国語とする人と同等の英語力がない人たちならその職には就けないことから、英語では proof-reader とだけ言えばよいでしょう。日本人の英語教師が、大多数の英語を母国語とする教師たちに勝るとも劣らず英語を教えられるように、英語に堪能な日本人も大多数の英語を母国語とする人たちと同等に proof-read（check）できるのです。

　日本の大学で英語を専攻しアメリカかイギリスで何年かすごした日本人と、たとえばデイヴィッド・ベッカムのように、英語を母国語としながらも控えめに言ってもシェイクスピアほどには言語に長けていない有名人の、

どちらに重要な英文書類の校正を依頼したいでしょうか？　ネイティブ（native English speaker）だからというだけでまさかベッカムにチェックは頼みませんよね（もちろん、直筆サインの入った、サッカーのレプリカ・ユニフォームを無料でもらえる可能性を無視してのことですが！）。

OK

Many of the agency's staff have such good command of English, they don't need to employ native English-speaking proof readers.
その会社で働く人たちの大半は英語に非常に長けているので、英語を母国語とする英文校正者を雇う必要はないのです。

NG

She lives in a hut away up in the mountains working as a native checker.
彼女は山奥深くの小屋に住み、原住民の調査を生業としています。

パネラー

paneler

● こう聞こえるかも——板張り工事人、外装修理工
● 英語では—— panelist

クイズ番組を観ていると頭が痛くなってしまうことがあります。それは、出演者たちの大騒ぎと耳障りな笑い方のせいだけではなく、彼らのちぐはぐな色使いと突飛なデザインの服のせいでもあります。学識者や専門家たちが最近の社会問題について意見をたたかわせる地味な討論番組へとチャンネルを変えるとホッとしてしまいます。

そのような討論番組の出演者たちさえ、全般的には保守的なイメージにもかかわらず、急進的で個性的な思想家であると特徴づけるようなスタイルやアクセサリーが見受けられます。長くたなびく真っ白い髪の毛であるとか山羊ひげであるとか目立って派手なポケットチーフ、もしくは珍しい異国風のブローチなどがそれです。

そのような番組に出演する人たちが、ぶかぶかで小汚い作業着や作業靴、それにぼろぼろの安全ヘルメットや

危険そうな工具がいっぱい入った作業用のベルトなどを着けて登場したらみんなびっくりするでしょう。しかし、教育改革の座談会に招かれた人が英語で「パネラー」と呼ばれているのをはじめて聞いたときに私が思い浮かべたのは、そのような作業工のイメージでした。

　英語では、討論会での座談者やクイズ番組に出演している芸能人などは「パネラー」ではなく、「パネリスト」（panelist）と呼ばれます。

「パネラー」という言葉から英語圏の人たちが想像するのは、車の車体（パネル）を修理する人だとか家の外装材をつけたり修理したりする人のことです。だから私は、先の座談会の参加者が作業着姿で鉛筆を耳のうしろにはさみ、「試験制度を改革する必要性にはまったくもって同意しますが、北向きの壁にもっと断熱材を使うことも大切な問題であります」などと言っている姿をパネラーという言葉から想像してしまいました！

　座談会の参加者が身に着けている服と、彼らの知的判断者としての役割の間には、何の関係も見出せないとお思いでしょうが、語源学的に言えば、意外にも関係があるのです。「パネル」という言葉のもともとの意味は、布切れ、特に馬の背中をサドルから守るために使った布のことであり、昔イギリスで陪審員、つまり「判断する

人たち」の名前を書いておいた羊皮紙であるのです。

　ちなみに「パネル・ゲーム」（panel game）という表現は現在では芸能人が出るようなクイズ番組に使われていますが、19世紀には別の意味がありました。その時代に売春婦が商売をしているところは「パネル・ハウス」（panel house）と呼ばれていましたが、そこで客から貴重品を盗むことをパネル・ゲームと言ったのです。話によると、部屋の壁にスライドする木のパネルが密かに使われている部分があって、客が気がつかない間にそこから貴重品がそっと盗まれたということです。今はまだ英語ではないけれども、「パネラー」という言葉をそういう種類の泥棒や悪者を意味する英語として採用したら現在でも使う機会は多いのではないでしょうか。

　売春は「最も古い職業」とよく言われます。それならば「パネラー」は2番目に古い職業かもしれませんね。

OK

The panelists participating in the debate were dressed so scruffily they looked more like workmen than academics.

討論会に参加した討論者たちは薄汚れた服装をしていたので、学者というよりは作業員集団のようだった。

NG

The panelers participating in the debate seemed to have almost no knowledge of international finance law at all.

討論会に参加した外装修理工たちは、国際金融法についての知識が皆無のようだった。

ペアルック

pair look

● こう聞こえるかも──洋梨体型 / pear look
● 英語では── dressed in matching outfits

　イギリスで私が教えていた日本人学生と私は、駅で電車を待っているときによく、ある目立つカップルと出くわしました。そのカップルは、ふたつの理由からその地域でよく知られていました。その理由とは、ふたりとも腹回りが非常に大きいということと、いつもお揃いのような服を着ているということです。

　このカップルのおかげで、私はあるありふれた和製英語をまちがって使っていました。

　揃いの蛍光紫のジャージで、手をつないでハンバーガー店へと入っていく例のカップルを見つけて、ひとりの学生が「イングリッシュ・ペアルックだ」とつぶやきました。不幸にして、私は彼が English-pear look、つまりそのカップルがイングリッシュ・ペアのような体型をしている（日本の丸い梨とちがってイギリスの梨はいわゆる洋梨型で、下部が上部よりも大きい雪だるま型をしていま

す）と言ったと思ったのでした。そういうわけで、その
ときから、日本人の友人との間で、下半身が大きい人の
ことを話すときにはいつでもペアルックという言葉をま
ちがって使っていたのです。

　洋梨体型の人が著しく少ない日本にやってきてはじめ
て、実はペアルックとは pair look のことであり、揃い
の服を着たカップルを表現して使われるのだと気がつき
ました。さて、公共の場で自分とまったく同じ服を着て
いる配偶者や恋人と一緒にいるところを見られたいとは、
何とも奇妙なナルシズムの形のように私には思われます。
自分と相手の両方を愛するダブル・ラブのように感じま
す。そこから連想するのは、日本語の「ラブラブ」です。
これを英語で言ったら、mad about each other とか
besotted がそうでしょうか。

　しかしながら、ロマンチックな雰囲気（二重の、相互
の愛）を醸しだそうとしているのであろうこの言葉は、
残念なことに、日本人が発音すると love-love ではなく
rub-rub と聞こえるので、純粋さが欠けた、もっと性的
な言葉のようです。カップルが rub-rub（揉みまくり）
の関係だと言っているようなのですから！

OK

They have to be mad about each other if they go out in matching outfits like that.

あんな風にお揃いの服を着て出かけるなんて、まちがいなくあのふたりは深く愛し合っているんだね。

NG

Because they are always pear look, they must be love-love.

ふたりともお尻が大きいから、まちがいなくやってるよね。

スキンシップ

skinship

● こう聞こえるかも──皮製の船
● 英語では──bonding

　英語よりもしっくりくる和製英語に出くわすことがよくあります。また、英語にはない言葉のかわりに使いたい和製英語もあります。その中で「スキンシップ」という和製英語は私の大好きな例です。「スキンシップ」は標準英語ではありませんが、非常によい言葉なのでそうあるべきだと思います。

　幸運にも、私がはじめて「スキンシップ」という言葉が使われているのを聞いたときは、話の内容から、その言葉が英語の kinship（血縁関係）や friendship（友情）などと関係があるということが非常にはっきりとしていました。しかしながら、話の内容から離れてその単語だけにしてしまうと、奇怪でぞっとするような想像を思い起こさせる可能性もあります。

　英語に skin boat や skin canoe という言葉があります。要するに、原始的文化の中で使用された、動物の皮を利

54

用して造られた船のことです。そうすると「スキンシップ」というものはそういう船の大型版でしょう。映画『羊たちの沈黙』に出てきた男のように下劣で気色の悪い人が何年もの間皮膚を集め、丹精をこめてそれらを縫いあわせてできあがったものが……人間の皮製の豪華客船！　という気味の悪い場面すら私には想像できました。

　実際のところ「スキンシップ」は、英語でいうmother-child bonding（母子のスキンシップ）を簡潔で適切に表す和製英語です。最近の日本では、母子間にかぎらずさまざまな種類の温かく友好的な身体的接触を表すのにこの言葉がよく使われているようです。

　したがって、friendly or loving physical contact（友好的もしくは愛情のある身体的接触）やbondingと英語では説明できるでしょう（Bondingというのは友情や相互支援の強いきずなをつくることを意味します。要するに、肉親関係を通じて自然に出てくるようなきずなをつくることです）。

　小児医療の世界でよく使われている表現にkangaroo careがあります。これは「スキンシップ」を利用した療法で、まるでカンガルーがその子を自分の袋に入れて生活するように、お母さんができるだけ長時間赤ちゃんを抱っこすることでお母さんと未熟児や病気の赤ちゃんの間にきずなを育てるというものです。

Skin という単語は、単独では英語のいろいろなおも
しろい表現で使われ、その中には日本人にはまぎらわし
く、私のように恥ずかしい誤解を引き起こすかもしれな
いものもあります。

　スポーツ解説でよく使われる skin someone という表
現は、先に出てきた『羊たちの沈黙』の男のように皮膚
を剝ぐという意味ではなく、相手よりずっと上手いプレ
ーをするという意味です。外見上の美しさは、よく
only skin deep（皮膚の厚さだけ）と言われ、本当の美し
さは中身にあるものと指摘されます。

　歌手のフランク・シナトラが、彼女は under my skin
と歌っていましたが、彼は映画『エイリアン』の怪物の
話をしていたわけではありません。彼は、彼女にまった
くくびったけだと言っていたのです。

　また、痩せすぎの人は skinny だといわれ、べろんべ
ろんに酔っ払っている人のことは had a skinful だと言い
ます。

　しかし、特に日本人を混乱させる skin に関する俗語
の使い方があります。それはたばこ巻紙、特にマリファ
ナたばこ（joint）を作るときのたばこ巻紙を指すもので
す。

　もし誰かが「Skin up するよ」と言ったら、もしくは

「ちょっと skins を買ってきてくれない？」とあなたに頼んだら、自分が日本語の俗語でいうコンドームとまちがえていないかどうかよく確かめてくださいね。さもないと、恥をかいたり、それとも、非常にがっかりする結果になりますよ！

OK

It's nice to see those two guys getting down to a bit of male bonding.

あのふたりが男の友情を育んでいるのを見るのはいいものですね。

NG

It's nice to see those two guys getting on so well building skinship.

あのふたりが楽しく皮の船をつくっているのを見るのはいいものですね。

ターミナルホテル

terminal hotel

● こう聞こえるかも──最終ホテル / 末期ホテル
● 英語では── station hotel

　私は、大きくて現代的でインターナショナルなホテル
というものは昔から好きではありません。しかし、先日
の出張の際、日本人の同僚に、私たちは「ターミナルホ
テル」（乗り換え線が集まる大きな駅の近くにあるビジネス
ホテル）に泊まることになる、と告げられたときは特に
落ちこんでしまいました。

　Terminal という単語はラテン語で私有地の境界線の
目印を指す terminus という言葉が語源であり、その目
印の多くは、標柱のてっぺんに半身もしくは全身像を載
せたものでした。事実、terminus という言葉は美術界
で、高い台座の上から頭が伸びだしているように見える
胸像を指すのに今でも使われています。

　これを起源に、terminal という言葉は「限界」とか
「最終」という意味になったのです。この言葉は最終運
搬地点（bus terminal や oil terminal など）だけでなく、そ

の患者が必ず死をもって終わるしかないような種類の病気や健康状態にも使われます。

Terminal illness とは死ぬこと以外に結果がない病気のことです。したがって私は、terminal hotel とは憂鬱なロックスターやスキャンダルに巻きこまれた政治家や会社役員が、ひとりさびしく命を終えにやってくる、冷たくて特色がないホテルだと想像しました。あまり行きたくないところだねえ！

故に、terminal hotel は cheap（安っぽい）hotel、seedy（いかがわしい）hotel、shabby（ぼろぼろな）もしくは run-down（くずれかかった）hotel と並んで、私ができれば避けたいと思うホテルのリストに加わりました。

できることならば、classy（高級な）、posh（上品な）、exclusive（粋な）もしくは luxurious（豪華な）hotel に泊まりたいけれども、残念ながらそんな pricey（高い）hotel に泊まる余裕はありません。

私はだいたい decent（まずまずの）commercial（ビジネス）hotel や friendly（温かい）family（家族のための）hotel、もしくは B & B（民宿）に泊まることになります（ヒッチコックの映画『サイコ』を子供のときに観て以来、motel〈モーテル〉は避けるようにしています。なぜならば、映画の舞台である、経営者が殺人鬼のベーツ・モーテルこそ、

terminal hotel という名にふさわしいだろうから！）。

　ターミナルホテルと同じように、日本特有のホテルにカプセルホテルやラブホテルがあります。

　カプセルホテルは、日本の文化と生活様式の象徴として欧米でも有名です。しかし、日本以外では普及していません（でも私は、カプセルホテルと呼ばれはしないものの、カプセルと呼ばれるのにはふさわしいほどに部屋が狭いB＆Bに泊まったことはあります）。

　ラブホテルと呼ばれているホテルについては、これも和製英語であって正しい英語ではありません。が、ほとんどの人はこの呼び名から何かを想像することができるでしょう。しかし、いかがわしそうなものからすばらしくキッチュなものまで多彩な（調査員によるとであって、もちろん私にはまったく経験がないのでよく知りません！）、日本にあるラブホテルの現実とはまったくちがい、欧米人が想像するラブホテルとはもっとロマンティックなものでしょう。

　英語ではしばしば、愛による関係とただのセックスによる関係を区別します。それならば英語では「ラブホテル」よりも「セックスホテル」のほうが正しいでしょう。でも、あなたが相手を本当に愛していたら、セックスホテルになど連れていかないでしょう？　でしょう⁉

ところで、今私はこの原稿を書くのに、現代の最もいたるところにあるターミナルのひとつである、コンピューター・ターミナル（端末）を使っています。私はコンピューターを使うと不具合やフリーズにいつもイライラして、自分が爆発するか、怒りのあまりコンピューターをぶち壊すかのどちらかです。もしもあなたもその気持ちがわかるのならば、terminal（最終）という名前はとてもふさわしいと同意してくれることでしょう。

OK

Try to avoid the hotel by the bus terminal; there's been a few suicides there recently.

バスターミナルの近くにあるホテルには泊まらないほうがいいよ。最近自殺が何件かあったから。

NG

The disgraced CEO packed his bag, kissed his wife and headed off for the terminal hotel.

面目を失ったその社長は、荷物をまとめて奥さんにさよならを言うと、人生を終わらせるホテルへと旅立っていった。

2章　微妙な違い

カレーライス

curry rice

● こう聞こえるかも——カレー用のライス
● 英語では—— curry and rice / curry with rice

　幸運にも、イギリスのマンチェスターにある、世界でも指折りのカレーレストランが立ち並ぶ通り、The Curry Mile を訪れる機会に恵まれたとしましょう。そこで日本語でいう「カレーライス」を注文したら、カレーのかかっていないただのライスを供されることとなり、非常にがっかりすることになってしまうでしょう。カレーとライス両方は curry and rice もしくは curry with rice と言うのです。

　ハヤシライスについては、日本に来た当初はどんな食べ物だか想像もできませんでした。はじめはアヤシイライスというものだと思っていました。だから同僚たちは、社員食堂の昼食メニューがハヤシライスのときになぜ私が絶対に注文しないのか、不思議がっていたものです。ハヤシライスは英語で hashed meat with rice と呼ばれます。そして、日本で人気のあるオムライスは、私の想像

とはちがい、ライスがオムレツで巻かれただけの地味な料理でした。私が想像したのは、苦行僧の精神的な食べ物で詠唱のオ————ムという音とともに食べるライスだったのです。

　デザートについても不明瞭さは同じです。「プリン」を勧められたときには、化学の先生 Mr. McCann が、purine（尿酸化合物の原質）について何か訳が分からないことをえんえんと話している間に、通り向こうの女子校にもぐりこむことをぼんやり夢想していた中学校時代に引き戻されてしまいました。日本語のプリンが、おいしい custard pudding のことだとは思いもよりませんでした。

「ホモ・ソーセージ」という広告に気づいたときのことも思い出されます。英語の俗語で homo はゲイという意味で、ゲイがほかのゲイをばかにするときに使われます。これは homosexual の短縮形です。ホモ・ソーセージの「ホモ」はおそらく homogeneous（均質の）で、homosexual のことではないでしょうね。

OK

A'right lad. Could I'ave a chicken jalfrezi with Basmati rice? And a pint o' lager. Cheers, mate.

うぃーす。チキン・ジャルフレジとバスマティ・ライス、それとラガー・ビールおねがいね。ありがとさん。（北イギリスなまりの英語）

NG

Keanu spiced up the recipe by sticking his homogeneous sausage in the om rice.

キアヌは彼のホモ・ソーセージをオム・ライスに入れて、レシピに趣きを添えました。

フリーマーケット

flea market / free market

● 英語では—— flea market（蚤の市）/ free market（自由市場）

　日本人の中には特定の子音の組み合わせ（v と b、l と r など）が難題である人たちがいるということは、十分に証明されていますが、世間では大げさに騒がれすぎていると思います（何百人もの日本の気の毒な生徒たちがその違いをながながと何時間も練習させられています。そんなことをしなくとも、たいていの場合は内容から、たとえば rice〈米〉について話しているのか、それとも lice〈シラミ〉について話しているのか、分かるはずです。いずれにせよ、英語を母国語とするたくさんの人たちが、たとえば right と white の違いを明瞭に発音できないのです。それでもちゃんとコミュニケーションをとれています）。

　とはいえ、発音が不明瞭になりがちな上、内容が助けにはならない言葉もあり、その典型的な例がひとつあります。イギリスに訪ねてきた日本人の友人たちは、お土産として、小さな変わった工芸品を安い値段で掘り出す

のにいつも非常に熱心でした。そんな小さな宝物を手に入れるのに格好の場所が地域のフリーマーケットです。

　さて、ここで注目してくださいね。ここでお話ししているフリーマーケットの綴りは flea market であって、free market ではないのです。

　にもかかわらず日本人の友人たちは、ときとしてなぜ、フリーマーケットなのに会場に入るのに入場料が要るのかと聞きます。おそらく free（無料の）market だと思っているので、ほかの、牛肉で作るのに hamburger（ham は豚肉）、通行料金を支払うのに freeway（free は無料）、海を進むのに cargo（car は車）、反対に陸路で送られるのに shipment（ship は船）、アメリカではほとんど手を使って競技されるのに football（foot は足）の例のように、矛盾した英語のように感じるのでしょう。

　実際のところ、私が話題にしている、主として中古品を扱う露店のようなものは、flea market（flea とは小さくて、ぴょんぴょん飛び跳ねる吸血虫のノミのことで、小汚い中古品の屋台で掘り出す品物に棲みついているのが見られるかもしれません。日本でも「蚤の市」と言いますね）において見られるのです。

　他方、free market（自由市場のことで、通常、前に"the"がつけられます）とは、制限のない自由競争で価格

が決められる取引体制のことです。価格という点では、flea market とは、売り物の中に潜む無数の小さな虫が値段を決めるところと言えるかもしれません。

　でもそう考えると、flea と free の不明瞭さが更なる混乱を招くでしょうか。特に古くて汚い、大量の flea（のみ）が潜んでいる品物はうまくいけば free（無料）で手に入るかもしれませんが、新品同様で flea-free（のみがいない）の品物には、他の物より高い金額を払うことになるでしょうから。

OK

Our high standard of living and the luxury we enjoy are the direct result of the free market.

我々の高い生活水準と享受している快楽は、自由市場の直接的な結果です。

NG

He paid two quid to get into the free market.

自由市場に参入するために、彼は2ポンド払いました。

ミス / クレーム

miss / claim

● こう聞こえるかも—— miss は「取り逃がすこと」

● 英語では——「過失、間違い」は mistake（error や oversight も同義）claim は「強く主張すること」で「苦情や文句を言う」は complaint

　イギリス人にとっての三大嫌われ職業とは、不動産業者、中古車販売員、そして、弁護士でしょう。

　日本においてその印象を受けることはありませんが、和製英語の miss や claim が広く使われていることをみると、日本でもそのウイルスが広がっているようです。専門的な間違いを表すのに、正しい mistake ではなく、miss が、特に医療分野でよく誤用されています。"Patients were misdiagnosed as a result of the doctor's miss."（医者のミスで患者は誤った診断を下された）というようにです。

　しかし、英語を母国語とする人たちには miss とは的を外すこと（"How many times will Beckham miss a penalty?"〈ベッカムは、何回ペナルティーゴールを外すつもりだ？〉

のように）、何かに出席しそこねたり、とり逃したりすること（“He fell asleep and missed the game.”〈彼は寝てしまって、試合を逃してしまった〉のように）、誰か・何かがなくてさびしいと思うこと（“I miss the sound of church bells on a Sunday morning.”〈日曜の朝の教会の鐘の音を聞けなくてさびしいなあ〉のように）です。それから、日本でもおそらくなじみがあるように、未婚の女性を指すのにも使われます。同じく、エンジンが点火しない（misfire）ときにも使われ、ここからか、英語の mistake の短縮形から、和製英語の「ミス」は派生しています。英語でmistake 以外で同じような意味を表すには、error や slip や oversight、またはもっと深刻な場合には、negligenceという言葉を使います。

　そして、これがイギリス人にとって弁護士のイメージが悪い原因でもあるのですが、職業上のミスがあったと聞けば、弁護士がこのチャンスを miss（取り逃す）はしないぞとばかりに真っ先に飛んでいって、make a claim for damages（誰かに損害に対する支払い要求をする）のためや、被害者を助けるために claim compensation（賠償金を請求する）の準備をします。

　ここで気をつけて見てほしいのは、claim という言葉が、裁判になって司法の判断を仰ぐことを見越した、法

律的な意味で使われているところです。和製英語の「ク
レーム」は英語では単に complaint（苦情）にすぎない
ことに使われすぎているようです。

　たとえば、近所に住む人が美空ひばりをちょっと大き
な音量でときどき聞くからといって、complain はして
も、claim はしないのです（些細なことで文句を言ったり
whingeing〈愚痴を言う〉したりするのはイギリス人の娯楽
で、我々イギリス人はそういうことばかりしているので有名
です）。

　もうひとつ、英語では、事実を主張するとか何かを事
実だと強く言う、などという意味で claim をよく使いま
すが、そこでも誤解が生じがちです。先に述べたように、
和製英語の「クレーム」は苦情と同義語で使われること
がほとんどなので、日本人が英語を話す際に困惑してし
まいがちなのです。

　たとえば "He claimed he scored a hole-in-one." など
という文で claim を苦情の意味にとって、「いつもは下
手なのに何でホール・イン・ワンで文句が出るんだ？
うれしいはずじゃないか？」という具合にです。この文
の意味は、彼はホール・イン・ワンを入れたと主張した、
であって、彼はホール・イン・ワンを入れたと苦情を言
った、わけではないのです。

72

OK

The British tourist complained about the hotel so much, the Australian tour guide claimed he was just a whingeing Pom, and told him to go ahead and claim compensation if he wanted to.

そのイギリス人観光客がホテルについて文句ばかり言うので、オーストラリア人の添乗員は、お前はただの愚痴っぽいイギリス野郎なんだと言い、文句があるならさっさと補償金を請求しろと突っぱねました。

NG

Because of the surgeon's miss with the scalpel, the man had his liver removed instead of his tonsils.

外科医の恋人がメスを使ったので、その男性は、扁桃腺のかわりに肝臓を切除されてしまった。

マイカー

my car

● こう聞こえるかも──私の車
● 英語では── one's own car

　先日、まったく信じられない偶然としか言いようがないようなニュースが読み上げられていました。ある男性が my car を運転中、酒気帯び運転で停車させられたと言っていたのです。容疑者が、そのニュースキャスターの車を盗んで運転中に飲酒運転で停車させられていたなんて、なんという偶然なのだろう！

　もちろん、最初、非常におもしろいニュースだと思っていましたが、ときどきするように、また和製英語のせいで誤解してしまっているのだと、すぐに気づきました。この my car は和製英語としてのマイカーだったのです。英語の my car の my はいわゆる対象指示語で、その意味は、それが話した人や時間または場所によるという種類の言葉です。だから、my car ならそれは my car と言った人の車という意味になります。この場合、my car と言ったニュースキャスターの車ということです。

74

それに対し、和製英語の「マイカー」は私有車や自家用車という意味なので、英語では彼は his own car を運転中に停車させられた、と言うべきでしょう（対象指示語のまぎらわしさは、腹立たしいこともあれば、おかしいこともあります。電話口で「どちらさまですか？」と尋ねて「私です」とだけ答えられることほどわけがわからないことはあまりありません。

　my car と似たような和製英語で頻繁に耳にするものに my home がありますが、これもまた英語では意味が違ってくるので外国人には混乱を呼ぶ言葉です。

　さて、最初にお話しした飲酒運転で捕まった男性の職業は救急隊員でした。そして、運転免許証と仕事の両方を失ったようです。救急車を運転中ではなく、my car を運転中の出来事だったというニュースだったのです。それならば彼は my car にも my home にもお別れしなければならないかもしれませんね。

　まあ、あのニュースキャスターの車が盗難に遭ったと思ったのは私の勘違いで、実際には車を盗まれたわけではなかったので、少なくとも彼の盗まれたと思った車は無事だったことが幸いと言えましょうか。

OK

Lots of young people these days own their own car, but buying
one's own home is for many still a distant dream.
最近の若者の多くは自分の車を持っているけれど、家を手に入れること
は、大半の若者にとってはまだ夢のまた夢である。

NG

People are so materialistic these days, all they think about is my car
and my home.
近頃はみんなとても唯物論的で、考えることといったら、僕の車と僕の
家のことばかりだ。

ペーパードライバー

paper driver

● こう聞こえるかも——紙製の運転手
● 英語では—— a driver in name only / on paper only

　外国人はしばしば、日本人の折り紙の技術に驚嘆させられます。チケットの半券やハンバーガーのチラシを手わたすと、みるみるうちに鶴や兜、はたまた菊へと変形していくのです。そして私は、ドイツＦ１グランプリのワールド・チャンピオンをちっぽけな正方形の紙で作れると聞いて、特に感銘を受けたのでした。というより、少なくとも和製英語のペーパードライバーという言葉を耳にしたとき、私の頭に浮かんだのは紙製の運転手（driver）だったのです。

　英語で、ペーパードライバーは a person who has a driver's licence but little driving experience とか a driver in name only などと言えるでしょう。しかし、非常に有用な和製英語のひとつであると認められて英語に再採択されるまでは、ペーパードライバーという言葉によって外国人の頭に浮かぶのは、新聞紙で折られてフェラーリ

のカップに入れられたＦ1ドライバーだけでしょう。さて、紙のドライバー（運転手）は燃えやすすぎるので特には安全ではないかもしれませんが、平均的なＦ1ワールド・チャンピオンよりも、おそらくずっと個性があるでしょう（これは、富と栄光に対する、ただの私の嫉妬からくる言葉ですがね！）。

　driver（運転手）に関する和製英語で、日本人が英語を話すときにまちがえやすいもう一例は safety driver です。たとえば safety belt や safety procedure の safety は、安全性を増したり、向上させるように設計されたものを指します。自動車を運転する人は、運転が上手な人の意である、safe driver と呼ぶべきなのです。Safety driver では、道路での安全性を高めるために特別に設計された人間、という意味になってしまいます。

　しかしながら、safety driver という言葉がピッタリ使えるような状況があり、たしかに多くの人に有益です。

　ゴルフ中毒の友人の強い勧めによって、最近私は、この最も紳士的なスポーツをはじめることにしました。それ故に、ゴルフ用品製造業者のよき人たちにとって、多くの人の身をゴルフ中の事故から守るセイフティ・ドライバーの開発は、企業社会責任を誇示するすばらしい機会となることでしょう。

セイフティ・ドライバーとは、回転灯が光り、数ヵ国語でお知らせをするアラームつきのゴルフクラブで、一緒にゴルフをしている人たち（そしておそらく5 km四方の住民にも）に、私がボールを打つそのときに、警報を出す商品です。お近くのゴルフ用品店で世界初の safety driver（安全なドライバー）が近々発売されるのを楽しみにしていてくださいね。

OK

As he was a driver in name only, he couldn't have been expected to control the car at that speed and in those conditions.

彼はペーパードライバーだったので、そんな天候にそのスピードでは、車をコントロールできたはずはない。

NG

At that speed a tragic accident was almost inevitable, especially as the car was fibreglass and he was only a paper driver.

そんなスピードでは悲劇的な事故が避けられたはずもない。特に、グラスファイバー製の車に紙製の運転手では当然だ。

リフォーム

reform

● こう聞こえるかも──（国家や政治の）改造
● 英語では──「仕立てなおし」は alteration、「家の改良」は alteration / refurbish / renovate など

　近頃、今まで経験したことがなく説明のしようもない現象に気づきました。手持ちのズボンがすべて、ウエストまわりがどんどんどんどん小さくなっていくのです。地球温暖化現象のせいか、それとも別な理由によるものかはまったく分かりませんが、ご近所さんによると、近くの「リフォームセンター」へ行けば解決してくれるとのことでした。

　実を言うと、reform centre がどんなところか私にはまったく分かりませんでした。ちょっと古臭い英語ですが、不正に道を踏み外している少年犯罪者を教育し、その行いを矯正（reform）するのが目的の施設である、reform school という言葉なら馴染みがありました。でも、これと reform centre は同じようなものであるはずがないとは見当がつきました。私のズボンが毎朝6時に

起こされ、体を動かし、野菜中心の食事をとり、ウエストまわりをきつくしすぎることがどんなに邪悪かという偉ぶった講義に出席するとは考えられなかったからです。

Reform には「改める」という意味がありますが、服の大きさや長さを変えるくらいの些細なことには使いません。たとえば political reform（政治改革）とか education reform（教育改革）のように、重大な社会的変化、それから少年が reform school へ送られるというような、個人の心理・行状の重要な変化に関連した内容で reform という言葉は使われるのです。

つまり、日本の内閣総理大臣は郵便貯金制度の reform（改革）を推し進めたいかもしれませんが、彼が上着を着るのをやめたのは上着をリフォームに出しているからではありません。また、聞き分けの悪く腕白な子供の性分を reform（矯正）するためにその子供を厳格な施設に入れることはあっても、そのことがその子のズボン丈にまで影響を及ぼしてリフォームされることはありえないはずです。

洋服のサイズを変えるには、一般に tailor's（仕立て屋）か dressmaker's shop（婦人服仕立て屋）に行って服を altered（なおす）してもらってはどうか、と英語では助言するでしょう。このような alterations（手なおし）

に関連して、ズボンの taken up（裾上げ）、taken in（ウエスト詰め）、let out（ウエスト出し）などの言葉を使うことはありますが、reformed という言葉が使われることはありません。

　もうひとつの reform に関する和製英語的用法に、家の改良に関連したものがあります。近年テレビや雑誌で、いわゆる家の「リフォーム」というものをとりあげたものが非常に多くなったように感じます。ここでも、英語では reform という言葉は使われません。イギリス人は熱狂的に家の改良が好きですが英語では家の改良をその程度によって細かく分類します。たとえば私のように怠惰かつ無能な人には、単にインテリアのテーマカラーを変えたり、家の塗装を塗りなおしたりする redecorate、新しい家具や装飾品を購入する refurbish くらいの改良がぴったりです。もっと大がかりな改良では、古い家を大きく近代的に改装するならば renovate、根本的に建てなおしを図るならば rebuild を使います。

　ところで、内装を新しくしたという意味で、レストランが「リフレッシュ」された、などと言われるのを日本ではよく耳にします。しかし、リフレッシュという言葉からは、改良というよりも新装開店の前にレストランが熱いおしぼりと冷たいビールで一息ついて気分を一新し

た様子を思い浮かべてしまいます。

　古いことわざで、イヌイットには雪を表す何百という言葉があるというものがあります。それならイギリス人は、自分のちっぽけな城に対するくだらない妄執のおかげで、家の改良を指す分類語を完全に揃えるようになった、と言えるでしょう。家といえば、最近の日本では、住宅リフォーム会社（英語では house repair and renovation companies であって "reform" companies ではありません！）による数多くの詐欺事件が注目を浴び、それによって体制の改善（reform）が喚起されることとなりましたね。リフォーム会社による事件で体制も reform されることになったとは！

OK

"The wearing of well-fitted clothes is the first step to reform of an unruly character," said the headmaster.
「きちんとした身なりをすることは、反抗的な性格を矯正するための第一歩である」と、校長は言った。

NG

This jacket no longer fits; I must get it reformed.
このジャケットはきつくなっちゃったよ。矯正してしつけしなおさなくちゃ。

サラリーマン

salaryman

● こう聞こえるかも──給料計算係
● 英語では── salaryman / OL / businessman というのはない。もっと具体的な職業名を言う

"What do you do?"（ご職業は？）という類いの質問に対して日本人が、"salaryman"（サラリーマン）とか"ＯＬ"という和製英語で答えるのを聞くと質問に対する答えが得られなかったとモヤモヤしてしまいます。質問の答えとしてサラリーマンという言葉をはじめて聞いたとき、その人は従業員のサラリーを計算して支給する、給料を管理する課で働いているのかなと思いました。ＯＬについては、いったい何の略語であるのか見当もつきませんでした。Oriental Limnologist（東洋湖水学者）、Objective Lexicographer（客観的な辞書編集者）、それとも Octopus Lover（タコの恋人）？？？　いずれである可能性もありましたが、ひとつだけはっきり言えたのは、英語ではないということでした。

サラリーマンとは給料をもらって会社で働く人とかビ

ジネスマンのことで、ＯＬは office lady の頭文字をとったものだと説明されてもなお、私のモヤモヤとした気持ちはおさまりませんでした。どうしてでしょう?

"What do you do?" という質問は、具体的にどんな職種であるのかを知るために発せられるのであって、会社、学校、農場、工場などの物理的な労働環境についてだけを知るために発せられるのではありません。"What do you do?" という質問によって知りたいと思っているのは、その人の価値観やストレス、関心事など、その人の性格を知るために役立つことであって、また、それによってそのあとどのように会話を続けていくのが最善なのか手がかりをつかもうとしているのです。

ビジネスマンだとかオフィスレディという答えから私が推測できるのは、毎朝混みあった電車で通勤して、一日中コンピューターの前で仕事をしているのだろうということだけです。個人的なことは何ひとつ分かりません。そして、何の情報も与えられなかったら会話は続けにくく、気まずい沈黙の中で立ち消えてしまうでしょう。また、質問主は、話をしたくないとか秘密業務に携わっているとかいう理由で、あなたが会話をするのを避けていると思うかもしれません。

まったくもって、ある種のビジネスに関してはほかに

比べてその回避はより正当であり、その違いは非常に重要かもしれません。ヤミ金融業者と子供のための慈善事業の代表者はどちらも「ビジネスマン」ですが、どちらがより信用できるでしょうか？　そうはいっても、私はとても道徳心の高いゆすり屋に会ったことがありますし、やくざも顔負けの大学教授にも会ったことがあります。職業というものは、その人自身の道徳的価値というよりも、その人がどんな人たちと交わっているのかを知るための目安であることが多いでしょう。

　ですから英語で職業を聞かれたら、単に「ビジネスマン」と言うだけでなく、もっと詳しく答えるべきです。少なくとも、どのような産業や分野に携わっているか（保険、機械部品、化学、広告など）と、どのような地位にいるのか（重役、管理職、秘書、営業など）くらいは答えるとよいでしょう。

　悪名高きＯＬにも同じことが言えます。ただ単にオフィスレディと言うだけでなく、ＰＡ（秘書）、receptionist（受付）、telesales operator（テレフォンオペレーター）などと説明するほうが、より分かりやすく、的確でしょう。

　西洋人の多くは、日本語として使われる英語や和製英語がＯＬという言葉に代表されるようにいまだに性差のない形態に至っていない事実の理解に苦しんでいるよう

です（とはいえ、日本の国会議員の中には、21世紀の現代においてでさえも、性差のない社会に反対することが認められると思っている生きた化石のような人もいることを知っていますが）。

　最低でも、ビジネスパーソン（business person）やサラリー従業員（salaried employee）、それに「ＯＷ」（office worker）くらいが一般語として導入されたならば、多くの人が元気づけられるでしょうにね。

OK
I used to have a 9-to-5 office job, but now I'm a travelling sales rep.
以前は9時5時の事務職に就いていましたが、今は外回りの営業をしています。

NG
"And what do you do?" "I used to be a salaryman, but now I'm a businessman."
「ご職業は？」「以前はサラリーの男でしたが、今はビジネスの男」

センス

sense

● こう聞こえるかも──常識
● 英語では── good dress sense / well-dressed / stylish

　ずいぶん前のことになりますが、日本人の友人と銀座の表通りを歩いていたところ、彼は道の反対側にいたある若い女性に私の注意を向かせて、「彼女はセンスがあるね」と言いました。例年になく寒さ厳しい1月でしたが、その女性はというと、丈の短いジャケットの下にミニスカート、それにパンプスといういでたちだったので、友人は彼女のことを皮肉っているんだなと思いました。その女性の洋服は見るからに高価そうでしたし、非常によくコーディネイトされていましたが、真冬にそんな格好をする人にはまったくセンス（常識）がありません。

　あとになって、友人は英語の sense ではなく和製英語の「センス」を使ったのだと気がつきました。英語では、誰かが has good sense と言ったら、着こなしについてではなく、生活や状況において理性的で現実的だ、という事実について話しているのです。そういう人のことを

common sense がある、ともよく言います。銀座で見かけた例の若い女性は、凍えそうに寒い冬の日にあんな格好で歩き回っていたら風邪をひくと分かってもよいはずでしょうに、ちっとも常識（sense）はなかったのです。

　ところが友人は彼女の着こなしについてほめていたのですから、私が思っていたように皮肉を言っていたわけではなかったのでした。しかしながら、彼が英語で言うべきだったのは、彼女は good dress sense があるとか、彼女は well-dressed、もしくは stylish とか chic だという言葉です。もしくは good taste を持っているとか、smart に見えるだとか言っても誤解がなかったかもしれません。（ご注意ください。英語で good taste には「おいしい」という意味はありません。そのかわりに、食べ物には tastes good を使ってください。そして smart には「やせている」という意味はなく、この文脈では小ぎれいだったり、粋だったり、当世風だったり、という状況を指すものです）。

　Dandy や snappy dresser、そして sharp dresser といった表現は、服装に気難しく気をつかう男性を指して、かつては非常に広く使われていました。しかし最近では、特に dandy はちょっと流行遅れの言葉になってしまいました。服装に気をつかいすぎる人は poser と呼ばれ、流行最先端の服を身に着けていてもちっとも調和してい

ない人は fashion victim です。Stylish と poser の微妙な
バランスをとることは、21世紀の先進国に生きる若者
が直面する実存主義の大きなジレンマのひとつでありま
す。

OK

Even though he works in a bank, his mother bought him a really
cool, purple, crushed velvet dress coat; she's got no sense.
彼は銀行員なのに、彼のお母さんは、超カッコイイ紫色のベルベットの
テーラーコートを彼に買ってきた。彼女は常識がないなあ。

NG

Sashimi has good taste and makes you smart.
刺身はセンスがいい。そして小ぎれいにしてくれる。

サイン

sign

● こう聞こえるかも——信号、符号、しるし
● 英語では——署名は signature

　日本に来てから、自分のことをまるで怪傑ゾロのような人民の英雄、またあるいは神秘的なカルト宗教の指導者、それどころか諜報活動に従事しているスパイのように思いはじめました。なぜならば、役所の職員や販売員に「サインをいただけますか？」としょっちゅう聞かれるからです。

　英語の sign は動詞として、書類や契約書などに署名をするという意味です。身分証明書や認可証書に書かれた名前のことを指すときに使う名詞形は signature で、sign ではありません。名詞としての sign には「信号」、「符号」、「記号」といった意味もあります。Warning signs（警告の標識）や exit signs（出口の標識）、それに birth signs（星座）などに使います。秘密結社で使われる secret signs（秘密の合図）というのもありますし、人々を守れるよう、近くにいることを知らしめるために

残していくしるしであるスーパーヒーローの sign もあります。

　役所で sign を求められるたびに、ゾロのように黒いシルクのマントを翻し、銀色に光る剣を引き抜いて、カウンターに私の名前の頭文字である煙立つ大きな「Ｓ」を瞬時に彫り刻んでいるさまや、ラテン語かサンスクリット語でまじないを唱えながら、右手を上げて空に図形を描いている自分を思い浮かべてしまいます。

　多くの日本人の署名が、実に想像力に欠けていることに驚きを覚えもしました。私の教え子の日本人学生の多くはイギリスで、重要書類やキャッシュカードの署名欄にただ単に自分の名前をローマ字で正確に書きこむだけでした。これでは窃盗犯に模倣してください、と言っているようなものです。署名とは、各個に独特で偽造しにくいものであるべきで、それが目的であるはずです。

　ご存じのとおり、多くの外国人はただ漢字のせいだけで、日本語を学ぶのは難しいと思います。漢字を覚えたり正確に書き写すことは非常に難しいからです。ですから日本人であれば、自分の署名を漢字にすれば外国人に真似される確率がぐっと低くなるのに、なぜアルファベットの署名に固執する必要があるのでしょう。よく練習してアルファベットのしゃれた署名にしたところで、簡

単に真似されて犯罪の被害に遭うようではつまらないではないですか。

　それに、外国を旅行する際に、漢字の署名は会話をはじめるきっかけになるという長所もあるのです。「わあ！なんて珍しい署名なんでしょう。どうやって読むんですか？　どんな意味なんでしょうか？」などと、きっと聞かれることでしょう。

OK

Clients will give you their signature, and footy stars will give you their autograph, but the gods expect you to settle for a sign.

商売上の取引相手は契約書に署名をくれるし、人気のあるサッカー選手はサインをくれますが、神々がくれるのは抽象的なしるしだけで確固たるものは何もない。

NG

"Roy Keane gave me his sign." "He's lucky the police didn't arrest him."

「攻撃的なことで有名なサッカー選手のロイ・キーンが、俺に向かって彼お決まりの挑発的なポーズをしてきたんだよ」「警察に捕まらなかったなんて彼はラッキーだったね」

ストレンジャー

stranger

● こう聞こえるかも──見知らぬ人
● 英語では── oddball / weirdo / eccentric

　どの国のどの街、どの地域にも、偏屈者（oddballs）
や奇妙な人（weirdos）など、多彩な人物たちがいるもの
です。私の家のあたりでよく知られているある人物がい
ます。彼は自分の家や庭に積み重ねるためにあちこちで
一日中ゴミを集めてきます。ゴミ袋を古い自転車に満載
し、一日中行ったり来たりしているのです。

　私は、彼について何か知っているか、何人かの人に聞
いてみました。すると「彼はずっとこの辺に住んでいて、
ストレンジャー（知らない人）だ」という答えが返って
きました。ずっとこのあたりに住んでいると知っている
のに知らない人だというこの答えは、まったく矛盾して
いるように感じました。

　のちに分かったのですが、日本人はよく、ふつうでな
い変わった人を指して「ストレンジャー」という和製英
語を使うということです。英語で stranger は見知らぬ

人を指すのに使います。近所の人たちが言っていたスト
レンジャーとは「見知らぬ人」ではなく「変わっている
人」という意味だったのです。

　ところで、有名なフランク・シナトラの歌である
"Strangers in the Night" という曲名がどのような日本
語に翻訳されているのか気になりはじめました。もちろ
ん、この歌の中の "strangers" は「お互いにはじめて
会った」ふたりの孤独な人間のことで、美しくロマンチ
ックな夜に恋におちるのです。もしかしたら和製英語版
では、ふたりの「おかしな人（ストレンジャー）」が真夜
中に尋常でない格好で走り回り、わめいたり怒鳴ったり
して近所の住民たちを怖がらせるという話にできるかも
しれません。

　どうしてそのサイクリング・リサイクルおじさんがそ
ういう風になったのかも何人かに尋ねてみました。が、
その答えにまた困惑させられました。近所の人たちの話
によると、彼は奥さんが若くしてなくなって、そのトラ
ウマ（trauma は英語でトローマと発音し、トラウマという
のはドイツ語読みです）に苦しんだそうです。そしてノ
ー・ロゼの症状に陥ったそうです。あの気の毒な男性の
ふるまいがピンク色のフランスワイン、ロゼを十分に飲
めなくなったことから生じたと聞いて、私は衝撃を受け

ました。少なくとも、ノイローゼという和製英語から私がこじつけられた意味は、それ以外にはなかったのです。

　もちろん、ノイローゼという言葉とワインや色には何のつながりもありません。これはドイツ語のNeuroseから来た言葉で、英語でいうneurosisのことです。どうやら、大きな家に住むちょっと風変わりなそのおじさんは、奥さんがなくなったときのトラウマに苦しんでノイローゼになった、あるいは英語でいうなら suffered a nervous breakdown ということらしいです。

　多くの人が、いぶかりや無関心で近所のリサイクルおじさんを遇しているので、彼は古くからこのあたりに居を構えている住民なのにもかかわらず、まったく見知らぬ人のようです。ですが、意図的に避けてしまうのも残念な気がします。

　いつか彼のところへワインを持って自己紹介にいきましょうか。もちろんロゼ以外のワインを持って、です。

OK

The cards told her she'd meet a tall, dark stranger, but she ended up with a short, fat weirdo.

占いの札によると、彼女は背が高い美男子と出会うだろうということだったけれども、結局は背が低くて太った奇妙な人と結ばれた。

NG

I've known that stranger with the pink hair, wellies and kid's trumpet since I was a child.

あの、髪をピンクにして長靴を履きおもちゃのトランペットを持った見知らぬ人のことは、子供の頃から見知っている。

3章　奇妙な語感

オールバック

all back

● こう聞こえるかも——全員下がれという掛け声（？）
● 英語では—— slicked-back / brushed-back

「オールバック」や「パンチパーマ」は和製英語ではありますが、特定の男性たちの髪型の、非常に的確で男らしい呼び方であると思います。

「オールバック」をはじめて聞いたとき、これはスポーツ関係の言葉だろうと思いました。ラグビーやサッカーでゴールを敵から守るために、みんなをうしろへ下げるための掛け声かなあと思ったのです。それとも、オールブラックス（ニュージーランドのラグビーチーム）のことかもしれないとも思いました。オールブラックスの選手がボールを腕に抱き、オールバックを、英語でいうところの slicked-back とか brushed-back の漆黒の髪を照明の光で輝かせ、タッチラインへと猛スピードで突進していくさまを思い浮かべました。

「パンチパーマ」のほうは tight-perm とか short-permと英語では言うかもしれませんが、「パンチ」パーマと

いう和製英語の呼び方のほうが、よくそういう髪型をしている伝統的な職業の日本人男性たちにぴったりな名前だと思います。

とはいえ、私が最も気に入っている和製英語の髪型名は「バーコード頭」で、まったくもって言い得て妙だと思います。しかし残念なことに、まだ一般的な英語にはなっていません。バーコード頭はイギリスでは、"Bobby Charlton" として知られています。これは、相手ゴールに力強いシュートを何度も発射させながら、若ハゲを隠すために伸ばした12センチの横髪をうしろにたなびかせ、光る頭頂をあらわにさせていた元イングランド・サッカーチームとマンチェスター・ユナイテッドのキャプテン、ボビー・チャールトン、その人の名前から愛情をこめてとられているのです。もっとイメージに乏しい言い方では、バーコード頭は brush-over や comb-over としても知られています。

Slicked-back や tight-perm、そして brush-over に対する美学的見地の如何にかかわらず、髪型に関係したもうひとつの英語表現はとても役に立つものかもしれません。もしもあなたが鍵をなくしたり、切符を忘れたり、コートのボタンがとれてしまったり、自殺点を入れてしまったり、などなど些細なことの数々が上手くいかない1日

をすごしていたら使う表現で "I'm having a bad-hair day."（今日は本当にツイてない）というものです。

　英語ではオールバックという名の髪型はないと先に述べましたが、でもひょっとしたら all back という言葉を髪関係の英語で使えるかもしれません。育毛剤の商品名として All Back（全部戻った）を商標登録すればよいと思うからです。ぴったりの名前だと思いませんか？

　その商品の宣伝文句だって簡単に思い浮かべられますよ。

「私の髪は日に日に少なくなっていたのに、ほら、今は All Back」ってね！

OK

Bobby Charlton's brush-over may have been a bad hairstyle, but when he was playing, the opposing team was guaranteed a bad-hair day.

ボビー・チャールトンのバーコード頭はあまり格好よくなかったかもしれないけれど、彼が試合に出ると、相手チームがついてない1日をおくることは必至だった。

NG

The police are looking for three middle-aged men who robbed a sports retail store —— one with an all back, one with a punch perm, and one with a barcode.

警察はスポーツ用品店を襲った3人の中年男性を探しています。1人はオールバック、もう1人はパンチパーマ、残る1人にはバーコードがついています。

ファイト / ゲット / カンニング

fight / get / cunning

● こう聞こえるかも──ずる賢い奴らを叩きのめせ
● 英語では──「ファイト」の意なら Go for it / Do your best

　夕方の電車で、素行の芳しくなさそうな男子高校生の集団が激しく言いあっていました。そして私は偶然にも、fight、get、cunning という奇妙な組み合わせの英語を小耳にはさみました。私は最初、彼らが、むかつく奴（リバプールの俗語で get）を叩きのめす（fight）計画をしているにちがいなく、でも、その誰かはずる賢い（cunning）ので気をつけなければならない、云々、と言っているのかと思いました。

　しかしながら、彼らはそれらの言葉を元の英語の意味でではなく、和製英語として使っていたので、私は彼らの目的をまったくもって誤解していたのでした。さらに盗み聞きしていると、fight というのは英語の意味である「誰かを肉体的に攻撃すること」ではなく、和製英語の意味である「最善をつくす」であることが、また get

は「不快でいまいましい人」ではなく、「達成する」であることが、そして cunning は「ずる賢い」ではなく、「テストで不正をする」という意味であることがはっきりしてきたのでした。

　少年たちの会話をもうちょっと注意深く聞いていると、彼らは今学年で勉強に励まなかったことの後悔を口にしているのだということが分かりました。彼らは両親や先生の期待に応える結果をゲットするために、ファイトだと決心していたのです。そして、その中のひとりは勉強をすべてこなすだけの時間が足りないので、不本意ながらカンニングペーパーに助けを求めるしかないと言っているのでした。

　彼らに少しでも同情する人はあまりいないでしょうが、ヨーロッパ人は特に、文化的に、集中した過度な努力には軽蔑的であり、いつもあちらこちらで聞かれる日本語のファイトやゲットは、不条理で格好が悪いように感じます。

　伝統的な考え方では、知的な人は自分の分をわきまえ、負けると分かっているスポーツでの尽力は華々しいことではなく無駄な努力、とみなされます。紳士とは汗をかかず、過ぎた努力は絶対にしないということを証明するためにネクタイを身に着けるのです。

英語で "Fight!" は非常に攻撃的な言葉で、男子学生たちがお互いを喧嘩に煽りたたせるのによく使われます。「ファイト」の意味をもちかわりに使える、平和を愛する日本人気質にもっとぴったりな英語表現は "Go for it!" や "Do your best" または "Good luck" もしくはもう少し荒々しくなりますが、"Come on!" でしょう。

日本人の会話の中ではもっとふさわしい多くの日本語動詞があるでしょうに、get が頻繁に使われ、英語の achieve と同義語で使われるのは残念ですし、すべてをこの言葉で安直にすませすぎです。そして、繰り返しになってしまいますが、西洋人の耳にはどちらかというと攻撃的に聞こえます。

西洋のスポーツブランドは "Impossible is Nothing"（不可能はない）とか "Just Do It"（ただ、やれ）といったキャッチフレーズで、私たちがもっと運動や鍛錬に力を入れるようにはたらきかけます。お気づきですか。ここには「ファイト！」とか「ハッスル！」にある攻撃的もしくは前時代的ないわゆる男らしさを感じさせるものはひとつもないのです（ところで、私がある日見かけた肥満気味の男性が着ていたTシャツには "Why Do It?"〈やらなくてもいいんじゃない？〉と書かれていました。そしてある女性のホームスクリーンには 'Just Do It. Tomorrow'〈た

だやれ…明日ね〉とありました）。

　Cunning については、キリスト教と商業主義道徳の高まりが、ずる賢さを美徳とした古い見解に終止符を打ちました。ホメロスの叙事詩オデュッセイアでは、作品名の由来となった主人公の英雄、オデュッセウスの、古代ギリシャ人の観念でいう際立った美徳とは、ずる賢さです。もしもその狡猾さがなかったら、運がよかったとしても彼など1つ目の巨人、サイクロプスの朝食となっていたでしょう。

　古代ギリシャ人なら、あるいは例のカンニングペーパー（英語では crib sheet）の少年に同情したかもしれません。もちろんそれは彼らの美徳であったずる賢さで窮地を無事に乗り切った場合に限ったことです。彼が愚かな get で cunning 不足で捕まってしまった場合はまた別の話ですがね！

OK

With a little cunning you can win this championship, so, Good Luck!
Go for it!

ちょっと抜け目なくやればこの全国大会で優勝できるぞ。頑張れ！　行け一！

NG

This game is your last chance to beat him for the national chess championship, so Fight! Get!

この勝負が彼を破ってチェスの全国大会で栄光を手にする最後のチャンスなんだからな。殴って叩きのめせ！　むかつく奴！

フリーター

freeter

● こう聞こえるかも──揚げ物 / fritter
● 英語では──「アルバイトをしている」なら part-time job をしている（freeter は造語）

　ご存じのとおり英国紳士でありますこの私、心身いずれにおいても労働というものは避けておりますし、言葉を耳にしただけで頭痛に襲われます。しかし、さらにひどい頭痛に襲われてしまうのは、非正規労働を表す、アルバイト、バイト、フリーター、パートなど意味がよく分からなくて難しい多種多数の外来語を耳にするときです。

「アルバイト」は「仕事」を表すドイツ語なので、仮に正しく発音されたとしてもほとんどの英語圏の人たちはその意味が分からないでしょう。これの短縮形である「バイト」という言葉ですが、最初私は誰かをバイト（英語の bite は嚙むという意味）することでお金をもらう、何か奇妙な性的倒錯のことだろうかと思いました（そういう風に考えた私のほうが奇妙なのでしょうか!?）。

もしアルバイトをしていたら、英語では part-time job をしていると言い、本職のほかに副業を持っている場合は side job または job on the side を持っている、もしくは moonlighting していると言います。

　同じように、「パート」は英語で part-time job とか weekend job、または Saturday job や evening job と言います。「パート」（part）を持っている、というのは英語で劇団の役者であることやオペラで役を歌うことを意味し、スーパーマーケットで品出しをしたりハンバーガーショップでパテを焼いていることとはまったくちがった意味になってしまいます。

「フリーター」は日本のメディアで頻繁に使われる言葉ですが、これも造語であるので英語では何のことだか分かりません。

「フリーター」にいちばん音が近い異義語は英語の fritter で、これは名詞では果物や野菜や肉の天ぷらのことを指し、動詞では時間、労力、お金をくだらないことに費やすことを意味します。

　成功の見こみがほとんどない低賃金のアルバイトを指す英語の俗語に、McJob（マック・ジョブ）という言葉があり、これは有名なファストフードチェーン店名からできた言葉だと言われています。日本でこの言葉が流行

していないのは、日本の社会ではどんな仕事に従事していても、職場で接する人から平等に扱われていることが多く、労働者もどんな仕事であろうと自分の仕事に真面目にとりくむことが多い証なのかもしれません。

OK

Don't fritter away your youth doing dead-end part-time jobs; get yourself a career.

先の見こみのないアルバイトで若さを無駄にするなよ。ちゃんとした責任のある安定した仕事に就けよ。

NG

Because her husband decided to become a "freeter", she had to get a "baito".

旦那さんが「天ぷら」になることにしたので、彼女は「噛まれ」なければならなかったのです。

Gジャン

GJAN

● こう聞こえるかも——元ロックンローラーのカッコイイ「ジーチャン」（？）

● 英語では—— denim jacket

　息苦しいほど暑い夏の間にジャケットとネクタイの着用をやめることで、総理大臣が、公務員やビジネスマンに手本を示そうとしているという話を聞きました。生産性を高め、冷房にかかる消費電力を減少させようという試みは非常に理にかなっていると思います。しかしながら、服に関する記事にあった和製英語の服の名前はちっとも理解できませんでした。英語圏の国で服を買いにいく予定があるのならGジャン（英語では denim jacket）やGパン（英語では jeans）、もしくはBサン（ビーサン＝ビーチサンダル）を探そうと思っても見つけられません。

　こういった和製英語は洋服関係の英語の多くをもとにしているだけだ、と抗議されるかもしれません。そういった言葉の中でTシャツは最も広く使われているものだと思います。ほかにもTバック（下半身用の小さな衣類

でうしろの部分がＴ字になっている）、Ｐコート（目の粗い生地のコート、という意味のオランダ語の pijjakker から）、Ｙフロント（男性のブリーフで、逆さのＹ字型の開口部があるもの。イギリスの登録商標）、Ａライン（ぴったりとしたウエストや肩の部分から広がっている服）、Ｇストリング（Ｔバックと同じようなものでバッハとは何の関係もありません！）などなど、たくさんあります。

多くの、このような洋服に関係する英語の普及にもかかわらず、Ｇパン、Ｇジャン、Ｙシャツ、そしてＢサンは完全な和製英語です。ところで、Ｇジャンという言葉が分かっている今でも私にはこの言葉は「ジーチャン」のように聞こえ、元ロックンローラーのカッコイイおじいさんがＧジャンを着ている姿が思い浮かび、笑ってしまったりするのです。

日本ではデニム製品が何でも jeans と呼ばれますが、イギリスでは、デニム製のズボンのことだけを指します。また、Ｇジャンの「ジャン」は jumper の日本語発音から来ていますが、jumper はイギリス英語で毛糸のセーターのことであって、日本で使われるようにジャケットやブルゾンを指しては使いません。Ｇパンの「パン」は英語の pants を短くしたものです。

Ｙシャツという言葉をはじめて耳にしたときも、日本

人の同僚はTシャツと同じように標準英語だと主張しましたが、困惑させられました。「シャツ」は shirts の日本語発音から来ていますが、不運にも、広く使われる卑俗な英語動詞（shit：ウンチをする）の過去分詞形（shat）に聞こえます。

　それよりも、どうして「Y」なのでしょう？　ビジネス用のシャツはかつてはすべてホワイト一色だけだったので、言いやすいように縮められてYになったのでしょうか？　Yが、そのシャツの形から、TシャツのTに対応したものだとしたらもうちょっと理解できる話かもしれません。そうだとしたら英語では business shirt や dress shirt という言葉しかなく、どちらも適当な言葉とはいえないので、Y-shirt という言葉を英語として採用したらよいかもしれません。

　私の日本人の学生たちは、お気に入りの履き物であるBサンを手に入れるのにイギリスでよく苦労していました。混乱を招く和製英語を使わないように教えられ、英国国営放送のニュースキャスターのように正確な発音でビーチサンダルと言ったとしても、店員はうろたえてどこかへ行ってしまい、二度とは戻ってこないのでした。問題はもちろん言語上のものではなく、気象要素によるのです。ビーチサンダルはイギリスが夏の期間、つまり

たった2週間の間しか店に置かれないのです。そんな気象環境とは正反対に暑い気候が続く日本では、特に長時間炎天下をほうぼうに移動する営業マンのためにも、総理大臣のカジュアル出勤大作戦が成功を収め日本社会に広がることを祈っています。

　でも成功しすぎるのも考えものでしょうか。山手線の車内でTシャツとBサン姿のサラリーマンたちと一緒になるのはちっとも構いませんが、カジュアル出勤が広まりすぎてTバックやGストリング、そしてYフロント姿の人たちと乗りあわせるのはちょっと勘弁してもらいたいですからね。

OK

His clothes drawers were arranged alphabetically ——S for shirts, J for jeans, etc.—— except for his Y-fronts, which were in a drawer marked with a big red X.

彼の洋服だんすはシャツのＳ、ジーンズのＪといった具合にアルファベット順に整理されているんです。ただ、Ｙフロントのブリーフだけは、警告のために、赤字で大きくＸと書かれた引き出しにしまいこまれているんですがね。

NG

Can you take these things to the cleaners for me? That's a suit, that's a sweater, and that's "Y-shirts".

ちょっとこれをドライクリーニング屋に持っていってもらえる？　これがスーツでしょ、それにこれがセーター、そしてこれが「なぜだろう（why）シャツ」ね。

エッチ

H

● こう聞こえるかも—— edgy なら「神経質な、怒りっぽい」
● 英語では—— dirty-minded / sex-mad / have a one-track mind / indecent / salacious / pervert / abnormal

外国語を学ぶ際によくする間違いは、その言葉を母国語とする人と話しているときにあるキーワードに集中し、その言葉の意味を知っていると思いこみ、そこから文全体の意味を推測することです。あいにくこの習慣を断つことは難しく、文中の少なくともあと数カ所がはっきりするまで待つには非常に集中した努力が必要です。

この本を読んでお分かりのように、私はいつもいつも、この点で間違いを犯すのです。

ある日本人が友達のことを「H」だと評したのをはじめて聞いたとき、私は tense（緊張した）とか nervous（神経質な）とか irritable（怒りっぽい）という意味を持つ英語の edgy という言葉を使っているのだと思いこんでしまいました。そのように評された彼は、まったく反対に、

自信に溢れ、容姿端麗で社交的でくつろいだ人物でした。それで私は、edgy も例の本来の英語とはちがう意味で使われる和製英語のひとつなのだと思ってしまったのです。

　実際には、そのプレイボーイの彼は「エッジ」ではなくて「エッチ」だと呼ばれたのでした。私は edgy だと思った言葉に集中してしまい、ほかの意味である可能性を締め出してしまったのです。またです！

　堅苦しく神経質だけれども実に紳士的な同僚を評するのに私が「エッジ／エッチ」を使ったとき、日本人の友達は、私がその言葉の意味を誤解してしまっていることに気づきました。友人は、私が日本語で「H」とはどんな意味だと思っているのか尋ねました。そこで私は、堅苦しいとか神経質な、とかいう意味だと答えました。「エッチ」を「エッジ」と混同してしまっていたからです。友人たちは私の誤解は最高におかしいと思い、親切にもエッチの意味を説明してくれました。それによると、エッチとは変態の頭文字を取ったもので、英語では dirty-minded とか sex-mad とか have a one-track mind、もっと堅苦しくいうところの indecent や salacious だということです。英語で極端な事例では、その手の人のことを pervert と呼ぶこともありますし、abnormal であると評したりもします。

ところで、私が日本に来てまだ間もない頃、人がＡ、Ｏ、ＡＢなどと評されているのをよく耳にしました。私は、それはその人たちを血液型によって分類しているのだということには思い至りませんでした。イギリスでは血液型が日常的に話題になることなど、皆無に等しいのです。それどころか、ＡＢとはアブノーマル（abnormal）のことかもしれないなどと考えたものでした。

　また、日本では、ドＳやドＭというように、性的なニュアンスは薄くＳやＭという言葉が使われるのもよく耳にしますが、英語では頭文字だけのＳやＭよりも、sadistや masochist（マゾではありません。それは和製英語です）という単語そのものを使うのがふつうです。

　ＳやＭという言葉が日本で冗談ぽく軽い意味で使われるのと同様に sadist と masochist は性的でない文脈の中では冗談めかして使うことができます。たとえば "She's such a sadist, making her boyfriend go shopping with her every weekend."（毎週末彼氏を買い物につきあわせるなんて、彼女はほんとにＳだなあ）とか "He eats kusaya, supports Omiya Ardija and has the complete Fuyu no Sonata on DVD; he must be a masochist."（くさやを食べるし大宮アルディージャのファンだし『冬のソナタ』のＤＶＤを全巻持ってるし、彼はＭにまちがいないよ

ね）という風にです。

OK

Most of the guys in this office have one-track minds, but the chief's a real perv.

この職場ではほとんどの男性たちがエッチだけど、所長は本当に変態だよ。

NG

And watch out for the section chief; a couple of beers and he tends to get a bit "H".

それと、課長には気をつけてね。ちょっとお酒が入るとすぐに「イライラ」しだすからね。

ハローワーク

Hello Work

- こう聞こえるかも —— こんにちは、仕事さん！
- 英語では —— Job Centre

イギリス人の友人たちは、働くことが大きな意味を持つ日本での生活の中で、日本人は高くなった失業率にどうやって対処しているのか、とても聞きたがりました。特に、大変な不幸をもたらしたサッチャー政権下の1980年代初めのイギリスで仕事を探していた苦しい経験から、国民が働き口を見つけるのを助ける政府の努力について知りたがりました。

日本政府の雇用機関名である Hello Work は、その名称だけで、友人たちに、自分たちの苦い経験と現在の日本の状況の間にはほとんど類似点がない、と確信させるに足りました。

イギリス政府の雇用機関である Job Centre へと毎週足を運ぶことは、いやになるほど単調でした。ほんのいくつかしかない求人は、お粗末な設備の事務所の告知板に貼り出されていました。ここに来る者たちはみんな、

必死でしたが、希望をくじかれていました。安全な格子窓の内側にいる職員たちは、役立たずだし偉ぶっていました。

　日本のハローワークはそれとは似ても似つきません。気持ちのよい設備の整った事務所、効率的で気さくな職員たち。でも、どうしてそんな名前なんでしょうか？　必死な人たちの命を救う手助けをする事業なのに、まるでハロー・キティーを髣髴とさせるような名前では誰が真剣になれましょうか？　どうして和製英語の名前なんてつけるのでしょう？　私には不思議でした。

　きっとハローワークという名称は、日本人の耳に力強く積極的なイメージに聞こえるのでしょう。失業した不名誉さも官僚主義の中で人間として扱われないということも少しも感じさせないのでしょう。しかしながら外国人の耳には、ばかげていて子供っぽく、そして人を見下しているように響きます。

　政府がこの名づけ方をほかの公共機関に拡張する予定でいないことを願うだけです。さもないと、建設機関はYo! Concrete（よっ！　コンクリート）、司法機関はBye-Bye Bad Guys（バイバイ、悪者たち）、それから税務機関はSo long, Yukichi-san（サラバ、諭吉さん）という名称になってしまうかもしれませんから。

OK

On his way to the Job Centre, he knew this could be "Goodbye Freedom, Hello Drudgery."

ハローワークに行く道すがら、これで「バイバイ自由、ヨロシク骨折れ仕事」になるかもしれないんだと彼は覚悟していたんです。

NG

Come on, you lazy bugger. Don't you think it's time you got off your behind and went to Hello Work?

ちょっとこのナマケモノ。そろそろ腰を上げて仕事にあいさつをしにいってもいい頃じゃないの?

オードブル

hors d'oeuvre

● こう聞こえるかも——聞こえる（audible）
● 英語では—— hors d'oeuvre（フランス語から）

　私は、生きた魚が目の前で調理される伝統的な日本料理店で食事をすると少々落ちつきません。大きな水槽の中を仲間たちと楽しそうに泳いでいる美しい銀色の魚を指して、「わあ、きれいだなあ」と言っていたと思ったら、5分後にはその同じ魚が薄く切られ、飾りたてられて、まだぴくぴくしながらじっと私を見つめているのです。

　あるときには、偶然にもそういう状態に追いこんでしまった哀れな魚の口元に自分の耳を10分間も傾けて、最後の言葉を聞き分けようとしたものです。だって一緒に食事に行った日本人のひとりが、それは audible（聞こえる）だよ、と言ったのです。

　実際のところ、彼は hors d'oeuvre（オードブル）と言ったのでしたが、このフランス語が日本語で発音されると英語で audible と言っているように聞こえます。

日本語にとりいれられたほかのフランス語も、正確に発音することが、よく言われるように困難なことから、混乱を招きます。

　たとえば「ペンション」は日本語で、英語の pension（定年後に受けとる年金の意）と同じように発音されますが、意味はフランス語の pension（小さなホテルや下宿屋の意）と同じです。日本語のペンションがフランス語と同じように発音されれば（パンション）、英語圏からの外国人がその意味を理解する手助けとなります。私がもっと前にその意味を分かっていさえすれば、日本アルプスでの休暇を手配するたびに、金銭的に豊かではない年金生活老人たち（pensioners）数人とともに山の古い家に宿泊することにはならなかったことでしょう。

　フランス人は hamburger や weekend といった英語の侵略にもかかわらず、自国語に対して保守的なことで有名です。フランス人の友人によると、フランス政府は公務員に、たとえば computer は ordinateur、そして software は logiciel という具合に、英語のかわりにフランス語を使うように通達することで英語の侵略と戦いはじめたそうです。

　フランス人に比べて日本人は、いろいろな外国語から新しい言葉をとりいれることに関してはずっと柔軟で融

通がきくようです。

　ところが、これによって英語を母国語とする人に2つの問題が起こるのです。まず第1の問題は、日本人はカタカナで表記される外来語は英語から来ていると思いがちで、結果、英語を話す外国人なら当然そういう言葉の意味がわかるものと考えがちだということです。第2の問題は、外国語の日本語読みは誤解を招きやすいということです。

　最近、日本人の友人が私に、フットサルは好きかと聞いてきました。ところが、日本語発音だったため futsal のことだとは分からず、何か猿に関係のあることについて尋ねられているのかと思ったのです。

　フットサルはイギリスでかつて five-a-side とか indoor footy と呼ばれていたものです。ところが、近年人気の兆しを見せるこのスポーツの後援者たちが、スペイン語、ポルトガル語、そしてフランス語を混ぜてつくりだした国際色豊かな言葉であると言われている、「フットサル」という名前をとりいれました。ちなみに、フランス語で salle とは「部屋」を意味するのであって、もちろん「猿」という意味ではありません。

　まあ、有名な日光の猿たちでさえフットサルの試合で私と友人たちのチームを負かすのはわけないことでしょ

う。なにしろ、私たちのプレーはまるでご長寿チームの
プレーのようですし、試合が終わるとゼイゼイいって、
まるで活き造りにされたてで、まだ息のある魚のような
のですから。しかもそれはハーフタイムの時点でなんで
すよ！

OK

We had squid sashimi as a starter ——it was so fresh you could hear
it still moaning!
前菜はイカの刺身でした。さばきたての本当に新鮮なものだったので、
まだうめき声が聞こえました！

NG

The steak will be the main course, and the mushrooms in garlic will
be "hors d'oeuvre".
メインコースはステーキで、ガーリック・マッシュルームは「聞こえる」
です。

ルーズ / ネック / ピンチ

loose / neck / pinch

● こう聞こえるかも──ふしだらな（同僚が）誰かをつねっ
てクビになる（?）

　日本人はグループ意識が強いことで有名です。外国人
の中には、こういう考え方が西洋社会の過度な個人主義
や競争主義に中和剤的な役割を果たすのではないかと考
える人もいます。

　私は日本人の友達に、人間は本来、指図したがるもの
なので、どんなに一体化したグループ内ででも意見の食
い違いが出てくるはずだが、グループの調和が崩れたら
どうするのかと尋ねました。すると彼は、いかに彼の同
僚が「ルーズ」で、そのために彼が「ネック」となり、
結果として彼の業務チームが「ピンチ」に陥ってしまっ
たかについて、えんえんと熱弁を振るいはじめました。
私には、いったい彼が何を話しているのかちっとも見当
がつきませんでした。

　だいいちに、彼は同僚のことを lose だと表現しまし
たが、lose は形容詞ではなく動詞で、負ける、失う、な

どという意味です。そこで私は、おそらく友人は loser（無能で役立たずで、決して成功しない人）と言いたかったのではないかと思いました。けれども彼は、その同僚は仕事以外ではとても有能かつ魅力的であり、非常に社交的な人だと言うのです。それならば、きっと彼が言いたかったのはふしだらで身持ちの悪いという意味の loose だろうと思いましたが、ここでもまた友人は、同僚の性的品行とはまったく関係のないことだと言うのです。

　友人が説明するには、彼を含むほかの業務チームのメンバーは、問題の同僚が仕事に対してのんびりしすぎていることにイライラさせられるそうです。いつも遅刻してくるし、飲み物を買いにいくと言っては長い時間帰ってこないし、自分の割り当てられた仕事にもちっとも真面目にとりくまないのだそうです。

　英語でこのような人を指す言葉としては、形容詞の lax とか careless、もっと深刻な場合には negligent とか irresponsible、また、名詞では idler や slacker、ちょっとくだけて skiver などが挙げられるでしょう。

　Neck に関しては、英語の to be for the chop（斬首刑）と、日本語でふだん使われる「クビ」が、両方とも「職を失う」という意味なので、関係があるのではないかと思いました。そこで、友人にそれが「ネック」の意味か

と聞くと、気のないように鼻で笑うだけでした。どうやら、そのいいかげんな同僚は社長の娘婿なので、絶対にクビになることはないらしいのです。

そういうわけで、「ネック」は人間の首と何の関係もなく、どちらかといえば瓶の首（英語で bottleneck ＝進行を妨げる人）と関係があるのでした。その同僚は weak link（弱い結び目）、dead wood（無用の長物）であり、友人たちの disadvantage（不利益）で burden（お荷物）なのです。

Pinch はもちろん以前に何回も耳にしたことのある言葉で、野球用語だとは知っていましたが、イギリスで野球といったらマイナーなスポーツで、6歳の小さな女の子がするような競技で rounders と呼ばれているので、野球用語の意味としての「ピンチ」はほとんど聞いたことがなかったのです。

イギリスで pinch とは通常、何かを盗むとかつねる、という意味です。

または、「もしどうしても必要ならば（本当はやりたくないけれど）」という意味の "We could do that at a pinch."（米語では "in a pinch"）とか「経済的に困難な状態にある」という意味の "We are now beginning to feel the pinch." などで成句として使われたりもします。

そういうわけで、友人の同僚に関する話は、ふしだら
な（loose）同僚が誰かの尻をつねって（pinch）クビにな
る（neck）という、噂話に値する物語ではありませんで
した。そうではなく、ただのよくある、いらだたしい職
場の駆け引きの物語だったのです。

OK

Damn! Thanks to hold-ups at the suppliers and our staff being so
lax, we'll never get the job done in time.

クソッ！　納品業者の遅れとうちの従業員のだらしなさのせいで、この
仕事は絶対に間にあわないよ。

NG

Pinch! Because of the supplier's neck and our loose staff, we'll
never get the job done in time.

ツネッ！　納品業者のクビとうちのふしだらな従業員のせいで、この仕
事は絶対に間にあわないよ。

マザコン

mazakon

● こう聞こえるかも——怪獣の一種（?）
● 英語では—— mummy's boy / momma's boy / mother
fixation がある人

バルタン星人、ラゴン、それからベムラー。恐ろしい
ウルトラマンの敵のいくつかです。マザコンとロリコン
という言葉は英語では何の意味もなしません。しかしな
ぜか、我らのヒーローが対決したような怪獣の名前らし
く聞こえました。そういうわけで、ほんの短い間ではあ
りましたが、私はそのふたつもウルトラマンの敵の、ぶ
よぶよとした双子の宇宙人であるかもしれないと思った
のです。

　近くのおもちゃ屋がマザコンとロリコンの人形を置い
ていないことを知り、私は非常にがっかりしました。そ
して、店員にそれらの人形があるか尋ねたときに周りに
いた方から受けた、冷たくきつい視線に少々動揺しまし
た。

「すみません、マザコンとロリコンはありますか？」と

何軒かの大きなおもちゃ屋で尋ね、同じように奇妙な一瞥を受けたあと、私は自分のひどく恥ずかしい間違いに気づかないまま家路についたのでした。

幸いにも今は、自分のばかげた誤解を笑い飛ばせます（平穏で静かな刑務所の独房の中で！）。マザコンとロリコンはもちろん地球を破壊しにきた宇宙人ではありません。「ロリコン」という言葉は、思春期の少女に対するある男の悲劇的な妄執を描いたナボコフの素晴らしい小説の題名である『ロリータ』から派生した「ロリータ・コンプレックス」に由来しています。ロリコンは日本人の民間心理学で、英語でいうところの having a thing for young girls というような妄執を表すのに使われます。

「マザコン」は「マザー・コンプレックス」の日本語発音からできた言葉で、これも日本人の民間心理学で広く使われる概念です。これは自分の母親に対する度を越えた傾倒を表すときに使われ、英語ではそういう人のことを mummy's boy や momma's boy、もしくはひどい場合には、mother fixation がある人、などと呼びます。さらには、男性を tied to his mother's apron strings（お母さんのエプロンの紐に縛りつけられている）と評することもありますが、これはイエス・キリストの母親をあまり重要視せずに独立を尊ぶプロテスタント教国でよりも、

聖母マリアを崇敬し、家族に重きをおく文化を持つカソリック教国においてよりよく目にする光景です。

「ショタコン」という言葉を聞いたとき、私はもう自分はすでに失敗から学んだと思いました。これは、段ボールでできた町並みの中、よたよたと炎を吐きながら歩く、ゴムの着ぐるみに入った人のことではないと分かっていました。これはきっと、「ショーター・コンプレックス」の略で、自分よりずっと背のshorter（低い）な人に対する傾倒を表しているのだろうなと思ったのです。

ところが実際には、この特別なコンプレックスは、ＳＦマンガ『鉄人28号』の主人公、金田正太郎へのコンプレックス、「正太郎コンプレックス」が省略されたもので、小さな男の子に対する妄執を表す、日本製のコンプレックスであったのです。自分が正しいことはあまりありませんが、今回も私はまた間違いだったのです。

ロリコンやショタコンは、そういう趣味の人を冗談でばかにしたり、ある種のオタクの間では名誉ある称号であったりと、日本では軽い意味で使われる言葉であるかもしれません。しかし西洋では、小児性愛症者関連の世間の注意をひくようないくつかの犯罪事件のせいで、ほとんどの人たちはそのような傾倒は社会的に許せないと思っています。Pervs（pervertから派生した変態の俗語）

や child molesters（幼児に性的ないたずらをする人）、それから paedophiles（小児性愛症者）と呼ばれている人たちに関する冗談も、ふさわしい話題とはいえません。

　外国を旅行することがあったら、マザコンやロリコン、そしてショタコンは家に置いていきましょう。そうすれば、上手くいけば、帰ってくるまでにウルトラマンが活躍して、この怪獣たちの世界をなくしておいてくれるかもしれませんよ。

OK

That guy's a bit dodgy if you ask me; a real mummy's boy with a thing for schoolgirls, too.
僕に言わせれば、彼はちょっと怪しいよ。相当なマザコンだし女子高生マニアなんだよ。

NG

An only child, brought up by his mother and grandmother; it's no wonder he turned into a mazakon.
お母さんとお祖母さんに育てられたひとりっこだなんて、どうりで彼が怪獣マザコンになったわけだよ。

パン

pan

● こう聞こえるかも──鍋（pan）/ パンはフランス語の pain より

● 英語では── bread

　私がイギリスから来たと言うと、日本の人ががっかりするように見えることがよくあります。「イギリス人です」と私が言うと、多くの人は肩を落とし、ため息混じりに「あー、pan ね」と言うのです。

　アングロサクソン民族の料理はさほど評判がよくないことは知っています。けれどもどうして調理器具（pan）のせいにされるのか、私には分かりません。イギリス人は、何でもかんでもすべて塩水で満たした大鍋（pan）ひとつに入れて、4 時間煮こんで食事の支度をする習慣だからでしょうか？　ううーん、シチュー！

　ほどなくして、和製英語の pan とは調理器具のことではなく pain、つまりパンのことであると知りました。

　多くの日本人は、イギリス人は毎食パンを食べていると思っていますが（イギリスの私の友人たちが、私は日本

136

で毎食生魚を食べていると思っているように）、日本人は、イギリス人の主食をフランスの言葉を使って言い表すほどに身を落としているのです！

　ちなみに和製英語のサンドウィッチは英語を話す者の耳には奇妙に聞こえます。たとえば ham *sand*（ハム・サンド）と Mick's *hand*（ミックス・サンド）。コンビニのハム・サンドを食べるくらいなら江ノ島海岸で砂（sand）にまみれた豚肉（ham）を食べたほうがましですし、ミックス・サンドを食べるくらいならミック（Mick）という名の見ず知らずの男性の手（hand）をなめたほうがましです。

　イギリスでハム・サンドウィッチは非常に伝統的な種類のサンドウィッチですが、ミックス・サンドウィッチと呼ばれるようなものは受け入れられないでしょう。イギリス人はあの２枚のパンの間に挟まっているものについては非常にやかましいので、どんな組みあわせの具でもよいというわけではないのです。ちなみに私が気に入っていたのは、チャバタにパルマ・ハムとモッツァレラ・チーズとバジルの葉を挟み、オリーブオイルを垂らしたサンドウィッチです（え？　それはちっともイギリス流じゃないってどういう意味ですか!?）。

　しかしながら、「サンドウィッチ清教徒」とでも呼ぶべきサンドウィッチに非常に厳格な人たちもいて、どん

な組みあわせの具にも見向きもせず、つねにサンドウィッチの王様 the chip butty を絶対的に支持する輩もいます。

　ちなみにチップ・ブティとは、パンの間に揚げたジャガイモ（chips）を挟んだサンドウィッチのことです。そしてジャガイモの話になったところで、最後にひとつ申し上げましょう。

　イギリスで、ジャガイモはブレッド以上とまでは言わなくとも同じように重要な主食です。でも、このチップスを挟むことを日本の友人に説明すると、いつも「ああー、フレンチ・フライのことね！」と、同じ反応をされるのです。そして、嗚呼、またここからフランスとイギリスの話がはじまるのですよ……。

OK
You can choose either rice or bread as an accompaniment to your main course.
メインコースと一緒にライスかパンのどちらかを選べます。

NG
The rice was really odd, so I decided to have the pan instead.
そのライスは非常に変わっていたので、かわりにフライパンを食べることに決めた。

レントゲン

Röntgen

● こう聞こえるかも——家賃・再び (rent again)
● 英語では—— X-ray

　商品、製法、技術などが発明者の名前で知られるのは
どの言語でもよく見られることです。たとえば、英語で
いう X-rays（エックス線）は、日本では発明者のドイツ
人物理学者、ヴィルヘルム・コンラート・レントゲン
（1845 ～ 1923）の名前にちなんで「レントゲン」と呼ば
れています。これは和製英語なので、英語を母国語とす
る人たちには通じないでしょう。

　そういう私自身も日本の病院で「レントゲンやりまし
ょう」と言われ、ポカンとしたことがあります。Rent
again（家賃・再び）と言われているのかと思い、なぜ病
院で家賃の話になるのだろう？　それに、どうしてもう
いちど支払わなくてはならないのだろう？　と不思議に
思ったのでした。

　日本において、医学は、英語が必ずしも最も有力な外
国語ではない分野のひとつです。私の近所に住んでいる

ある医者は、英語はほとんど話せないのにドイツ語は堪能です。明治政府は19世紀後半に、それまでオランダからの影響も多少はあったものの中国から大きく影響されていた日本の医療制度に、ドイツを手本にするようにと行政命令を下したのです。これによって、日本では初期の医学・薬学発明の多くが、たとえばレントゲンのようにドイツ語の名前をつけられ、今も変わらず使われています(「カルテ」はドイツ語が日本語になったもうひとつの例です。これも英語では意味が通じません。英語でカルテは medical records、また、入院して医療処置を受けている間は chart と呼ばれます)。

英語を学ぶ日本人にとって大切なのは、カタカナで書かれた外来語すべてが英語なのではない、と心に留めておくことです。レントゲンという言葉は英語でも使われますが、専門的に放射線量の単位を指して使われるだけで、一般的には知られていません。日本人が英語のX-ray のかわりにレントゲンという言葉を、たとえば海外旅行中にケガをしたり入院したりするときに使うと、通じません。

先に述べましたが、レントゲンのように、現象、商品、技術などが発見者や発明者の名前で知られるようになることは非常によくあることです。英語では、多くの日用

品がその商品名で知られています。たとえば Kleenex（ティッシュ）、Biro（ボールペン）そして Walkman などがそうです。文房具は、おそらく大量に生産され消費されることからこの傾向がよく見られ、Sellotape（セロテープ）や Post It（ポストイット）は代表的な例です。

　しかしながら医学分野の「レントゲン」のように、文房具の和製英語名の中には英語圏の人たちには通じないものがあります。たとえば、日本語で「ホッチキス」と呼ばれているもの（アメリカ人発明者のベンジャミン・バークリー・ホッチキスにちなんで名づけられた）は英語では stapler と言われ、シャーペン（1880 年代の商品名 Ever Sharp pencil〈エバー・シャープ・ペンシル〉からとられている）も英語圏の人には通じません。英語圏でシャーペンは propelling pencil か mechanical pencil または automatic pencil と呼ばれるでしょう（和製英語が英語よりもずっと優れているもうひとつの例だと思いませんか？）。

　超短髪（ちがいますよ。噂はどうであれ、私の髪は短くしているだけであって、なくなってきているのでは断じてありません！）好きの男性として、髪を刈る器具である hair clippers が日本ではバリカンという名前で知られているという事実をおもしろく感じました。バリカンという名前は、20 世紀初期に髪を刈る器具を日本に輸入し

たフランスの Bariquand et Marre（バリカン・エ・マール）という会社名から来ているそうです。

　典型的なことですが、ドイツ人は医療技術や専門知識を供給することで機械的構造を重視します。反面、フランス人はスタイルを重視するというわけです！

OK

The x-ray shows your child has swallowed a stapler, a propelling pencil and your expensive antique hair clippers.

このレントゲンで、あなたの子供がホッチキス、シャーペン、そしてあなたの高価な骨董品の髪刈器を飲みこんだことが分かります。

NG

And this dramatic old black and white photo is one of the first roentgens, showing a human hand, a Hotchkiss, a sha-pen and a barikan.

この印象的な白黒写真は初期のレントゲンのひとつで、人間の手、ホッチキス、シャーペン、それからバリカンを写しています。

セクハラ

sekuhara

● こう聞こえるかも──関が原（?）
● 英語では── sexual harassment

　文化の壁を越えたロマンスはとても刺激的かもしれません が、危険やきまりの悪さ、それに誤解で満ちあふれる可能性もはらんでいます。一方の文化では純粋な世間話であるものが、他方では好色なでしゃばりと解釈されるかもしれません。心からの褒め言葉のつもりが、他文化ではセクシャルハラスメントとして認識されてしまうこともあるのです。

　みなさまご存じのとおり、洗練された礼儀作法と紳士的な振る舞いのまさにお手本ともいうべき私ですが、性的いやがらせに関して警告を受けたことがあります。実際には「セクハラ」だと言われたのですが、そのときにはこの和製英語の意味が分かりませんでした。セクハラとはセクシャルハラスメントのことだと知ったのはあとになってからだったのです。

　ある日会社で、事務の若い女性が髪をバッサリと短く

切ってきました。同僚のほとんどは彼女にあまり似合わないと思ったらしいのですが、私は非常に似合っていると思いました。そこでそのことを伝えようと、「その髪型は非常にお似合いですよ」と彼女に言ったのです。そのあと、同僚のひとりが私を陰に連れていき、半分冗談ぽく警告しました。「気をつけて。Ｘさんはあなたのことをセクハラだと上司に言いつけるかもよ」。

　えっ？　セクハラ？　セキハラと言いたかったのかなと思いましたが、その会社には関原さんという人はいませんでした。私に考えられるほかの意味はセキガハラしかありませんでした。そこで、私は近くの図書館に、関が原の戦いについての日本史を勉強するために出向いていったのでした。

　セクハラは、超かっこいいヘルメットをかぶり、超こわい刀を携えて馬に跨った男たちとは関係がなく、実はセクシャルハラスメントのことなのだと知って、はじめは自分で自分の見当はずれな間違いを笑いました。まあ、男女のあいだには関が原の戦いを思い起こさせる部分もあるので、もしかしたら当たらずとも遠からずと言えるかもしれませんね!?　ですが、そのあと少し心配になってきました。

　忠告してきた同僚のような了見で、心からの褒め言葉

をセクハラと混同してしまうとしたら危険なことでしょう。その延長で、些細なことだという理由でセクシャルハラスメントの訴えを無視してしまうのだとしたら、それはもっと危険なことでしょう。褒め言葉は人を元気づけますが、セクシャル・ハラスメントは人の人生を踏みにじるものなのです。

さて、異なる文化を持つ人のナンパの仕方を覚えようと思ってここまで読んだ方へのアドバイスを以下に書いておきましょう。

若い男性たちによく尋ねられることのひとつがこの、ナンパの仕方です。私はそういう質問をされると、それではあなた自身が効果的だと思う殺し文句はどんなものですか、と逆に聞いてみるようにしています。しかし、返事として返ってくる、彼らが考えるロマンティックな心の内を表す言葉というものは、どれも驚くほどに露骨で単刀直入です。

日本語のナンパ言葉を英語に直訳するのは、あまりよい考えとは言えません。そういう言葉が非常に侮辱的に聞こえることもありえるからです。そのうえ、それで気分を害したイギリスの女性にケガをさせられて、旅の途中で入院することになったら大変ですよ。イギリスの一般病院は、お世辞にも快適とは言えない旅の宿ですから

ね。

　そういうわけで、興味を持った人と会話をはじめたり（break the ice）、友達になろうとする（get to know someone）には、単刀直入に相手の年齢や結婚・恋人の有無を聞くよりも、何か褒め言葉で会話をはじめたほうが上手くいくようですよ。

OK

In cases of sexual harassment law, the plaintiff must show that an ordinary, reasonable person would feel similarly offended in a similar situation.

セクシャルハラスメント法では、原告は、一般の理性のある人なら、似たような状況下で同じように気分を害されることを示さなければならない。

NG

If she thinks it's sekuhara, then the battle is just about to begin.

もし彼女がこれをセクハラだと思うなら、戦いがまさに今はじまるところです。

スーパー

super

● こう聞こえるかも──やった！　すごい！
● 英語では── supermarket

　趣味のひとつはショッピングだと言う日本人の若者の
多さに驚かされます。イギリスでは女性は買い物好きだ
とよく言われますが、日本では女性だけでなく、男性も
そう言うのです。はじめのうちは、きっとパートナーの
買い物につきあわされることを皮肉った冗談なのだろう
と思いましたが、ちがいました。彼らは、ショッピング
で楽しく充足した時間がすごせると、心から思っている
のです。

　ショッピングは楽しいか、とイギリス人男性に聞いた
ら、デイヴィッド・ベッカムの意見はさておき、大多数
の人は、ショッピングとは刑罰だ、拷問だ、大切なサッ
カーとビールの時間を無駄にする、残酷で非人道的な時
間のすごし方だ、と答えるでしょう。

　ここでも、英語の supermarket が和製英語として、も
っと短くて便利な「スーパー」という言葉になっていま

す。残念ですが、この言葉は英語圏の人には通じません。特に男性たちにとって「スーパー」（最高、素晴らしい）は、つらいショッピングと関連して使われることは少ない言葉でしょう（もうショッピングは終わったから家に帰りましょうと言われたときに Super!〈やったー！〉という喜びの叫びとして、ショッピングという言葉と一緒に使われることはあるかもしれません）。

英語を母国語とする人たちは、実際のスーパーマーケット名でスーパーを指すこと（たとえば「ちょっと Sainsbury's に行ってくるよ」といった具合に）がほとんどでしょう。あるいは、短縮しないそのままの supermarket を使うかもしれません。しかし、ただ単に super と言うことはありません。

大店舗の台頭で個人商店が消え去り、一握りの大企業が小売を一手に引き受けていく風潮の昨今では、アメリカ人が呼ぶところの、hypermarket という巨大スーパーマーケットも出現しています。スーパーマーケットの上をいくハイパーマーケットによってショッピング嫌いの苦痛はより広がるでしょう。

ショッピング関連の和製英語には department store をもとにした「デパート」もあります。この言葉は、そのカタカナ発音から、英語圏の人には "depart"（立ち去る）と

聞こえます。もちろん、その大元である department store という言葉については、聞いただけで買い物嫌いのイギリス人男性たちは震えあがってしまいます。でも、「デパート」が同じ文章で使われたとしたら、彼らに喜びと笑顔をもたらすかもしれませんね。

OK

Like Odysseus sailing between Scylla and Charybdis, he steered his girlfriend down the street between the supermarket and the department store.

スキュラとカリュブディスの間を航海したオデュッセウスのように、彼はスーパーマーケットとデパートの間の通りで、彼女をうまく先へと進ませた。

NG

"We're going to depart." "Super!" "No, depaato."

「もう出るよ」「スーパー（やったー）！」「ちがうよ、デパートだよ」

4章　よくある間違い

マンション

mansion

● こう聞こえるかも──邸宅
● 英語では── flat（英）/ condominium / apartment（米）

　イギリスにいる友人たちに、私は今グランド・マンションというところに住んでいると言ったとき、彼らは、私が急に（そして信じられないことに）日本でビジネスマンとして大成功したと思いました。私の友人たちは、日本でいう「マンション」が、英語のマンションとはまったくちがうということを知らなかったのです（もちろん、私は彼らに、違いについての説明などしませんでした。友人たちが、私は日本で大成功したと誤解しているのは、私にとって好都合なのですから！）。

　英語でいうところの「マンション」は、大きくて印象的な家、もしくは数え切れないほど多くの部屋をいくつかの翼棟にわたって持ち、何エーカーもの美しい地所に囲まれた、広大な貴族の田園邸宅を思い起こさせます。残念ながら、私の日本の「マンション」とはちょっとちがいます。そのような、歴史的、そして建築的に重要な

マンションは、よく stately home（大邸宅）と呼ばれていて、片や私のマンションはごちゃごちゃ（a state）としているだけです！

　18世紀くらいまでは、大きさや状態にかかわらず、家や住居ならばどんなところでも mansion と呼ぶのが標準英語でした。そして複数形（mansions）では、たとえばヴィクトリア・マンションズのように、マンション1棟の名前によく見られます。だから、1960年代に「マンション」という言葉を使いはじめた日本の建設会社たちはあながちまちがっていたわけではなく、ただ使わなくなっていた表現を再流行させただけなのです。

　しかしながら現在では、例外的なマンションの名前を除いて、mansion という言葉は、非常に素晴らしい家や、首相や知事などの高級官吏の公邸を指すことだけに使われます。

　日本でいうところのいわゆる「マンション」には、米語では apartment とか condominium（俗語では condo）、英語では flat と言うのがよいでしょう。マンションの建物全体を指すには apartment block や condominium もしくは block of flats という言葉が使われます。

　ところで、日本では apartment のことを「アパート」と省略して使いますが、これにもはじめは混乱させられ

ました。ある夫婦が「アパート」に住んでいるというのを聞いて、アパートとは apart（ばらばらに）という意味だと解し、二人は離婚して別々に住んでいるのだと思ってしまったのです。誤解はすぐに解けたのでよかったのですが、またしても恥ずかしい間違いを犯すところでした！

　私の「マンション」といわれる家を訪ねてきたイギリスの友人たちは、高層ビルの中の、狭いけれど快適な集合住宅だと言ってくれました（彼らは、私のことをうそつきでずるくて詐欺師だとも言い続けました！）。日本のマンションにつけられた、もったいぶったり、キッチュだったりする名前も、笑いを呼びました。

　友人たちが特に気に入ったのは「グランド・ジュエル・ハイツ」（名前からの想像とはちがって、高級な眺望のよい土地にあるのではなく、運送会社の倉庫の陰に隠れた、ただのさびしい３階建てのプレハブアパート）と、「六本木ヒルズ」（値段以外ビバリーヒルズとは似ても似つかない）、そして「マイ・スイート・ハイム」（ドイツ語と英語がごちゃ混ぜで、キッチュすぎて皮肉に聞こえる）でありました。

　友人たちは、２ＤＫや３ＬＤＫなどの日本風のマンションや家の分類方法にも困惑していました。英語ではマ

ンションや家は通常、studio apartment（１Ｋ）や 2-bed with kitchen-diner（２ＤＫ）、そして、3-bed detached（寝室３つの一戸建て）などと分類されるからです。

　そしてもちろん私の友人たちは、部屋が３つしかない「マンション」なんて聞いたこともありませんでした！

OK

You can stay at my flat if you want; it may not be a mansion, but it's clean, comfortable and convenient.

僕の家に泊まってもいいよ。贅沢ではないけれど、清潔だし、快適で便利だよ。

NG

Welcome to our 3LDK mansion ——"Tokyo Gorgeous Jolie My Heim Heights".

３ＬＤＫマンションの我が家、「東京・豪華・かわいい・私の家」へようこそ。

スマート / ボディコン

smart / bodycon

● 英語では──スマート = slim / ボディコン = tight-fitting
あるいは figure-hugging

　あるとき日本人の友人たちと私は、1980 年代後半の
古いアルバムを見ていました。アルバムをめくるたびに
漏れ出てくる恥ずかしさのうめきやあえぎ（あんなにひ
どい服装をしていたのにどうして誰も止めてくれなかったの
でしょう？）とともに、友人たちの口からは「スマー
ト」と「ボディコン」というふたつの言葉がよく出てき
ていました。しかし私は、両語ともその意味を誤解して
いたようです。

　日本語で smart というとたいていの場合は、痩せて
いるだとか、プロポーションがよい、という意味で使わ
れます。他方、英語では口語体で、頭がよい、とか知性
を備えた、という意味で使われます（ところで、smart
card と呼ばれるものを使うときは、見た目が薄くて健康的
だからそういう名前なのではないということを心に留めてお
いてください。ある意味で知性を備えているのでそう呼ばれ

るのですよ)。だから、私たちが古いアルバムを見ていたときに聞こえてきたスマートという言葉は、友人たちはお互いに「ああ、君も昔はとても知性的だったよなあ。今じゃなんて変わってしまったことだろう!」と言いあっているのかと思ったのでした。

しかし、それは私の誤解でありました。実際のところ友人たちは、中年太りのはじまりと、かつてはスリム(smart)だった腰の線がなくなったことを嘆いていたのです。実際のところ、現在の私たちは、その当時よりもずっと明敏(smart)で聡明(intelligent)であるにちがいないのです。その証拠に、自分たちは格好よくて流行の最先端を行っていると思いながら、あのようにばかげた服を着ることはもうないのですから!

特に目立ったひとつの写真がありました。ある女性の友人が、大きな肩パッドの入った派手な赤いジャケットとタイトスカートを身に着けているものです。この写真を見てほかの全員が「ボディコン!　ボディコン!」と、目に涙をためて息も絶えだえに大笑いをしながら言いました。

くだんの女性は英語で shapely(均整のとれた)、またはもっとくだけて busty(胸の大きな)と形容するような体型でした。友人たちが "Bodycon!" と口々に叫ぶ

のを聞き、あるいは彼女の体型はもともとからの体型ではなく、シリコンのおかげで均整がとれているのかもしれないという考えが頭に浮かびました。遺伝のおかげではなく、豊胸手術のおかげの体型だったのだと、非常に衝撃を受けました。

　この問題は、con とは英語で、詐欺、ごまかし、ぺてん（confidence trick に由来する）を表すことから生じたことです。私は、友人たちが彼女のことを、自分が本来与えられた体よりももっとセクシーな体型だと思わせようとして、ごまかしを使ったといって非難していると思ったのです。つまり、bodycon ではなく body con と言っていると思ったのでした。

　実際のところ、bodycon は body conscious の短縮形で、1980 年代後半に若い女性の間で流行した、例の友人が写真の中で身に着けていた派手な赤いものに代表されるような、体の線にぴったりとした服のことだったのです。

OK

"Men aren't very smart," she claimed. "A nice smile and a figure-hugging dress and you can con them all."

「男ってばかよね。ボディコンを着てニッコリ笑えば、どんな男でも簡単にだませるわよ」と彼女は言った。

NG

She wasn't smart enough to get into a size 7 dress.

彼女はサイズ7号のドレスを着れるほど切れ者ではなかった。

スナック

snack

● こう聞こえるかも──軽食
● 英語では── bar / pub

　私がはじめて来日してまだ日が浅かった頃、私の日本語は拙いし、同僚たちも英語が達者ではないのに、彼らが食事や酒に誘ってくれるので、その寛大さに驚いたものでした。そういった折の２、３回目くらいに、家庭的でおいしい飲み屋から出たあと、そのままみんなで道でちょっと立ち話をしていると、仲間のひとりが、snackに行こう、と言い張りました。私には信じられませんでした！　何時間も飲み食いしたあとなのに、そのうえまだ、ちょっと軽食（snack）に行きたいなんて！

　同僚が go "for" a snack（何か軽いものを食べにどこかへ行くこと）したい、と思ったのは私の間違いでした。実際のところ、彼は go "to" a snack（日本流のバーに行くこと）しよう、と誘っていたのでした。日本の文化においては、もてなし役からの食事や酒の申し出を強く断ることは失礼にあたる、と聞いていました。もうこれ以

上食べられないのにどうすればよいのだろうと、私は少々うろたえていました。

　そんなわけで、問題の「スナック」とは、ちょっと最後の１杯を飲んだり、会話や冗談を楽しんだり、ときによっては感傷的な演歌をカラオケで１、２曲歌いにいくところのことだと知り、大いに安堵したのです。

　ところで、そのスナックの表看板には英語で "Pub" とありました。イギリスでパブと呼ばれるところはもっと開放的で、客たちは、座っている人もいれば、立ったままだったり、または歩き回っている人もいます。また、日本のスナックでは客が勘定書きで最後に精算するのに対し、１回の注文ごとに、カウンターもしくはバーのその場でそのつど飲み物を買う仕組みです。しかしながら、共通点もあって、イギリスでも多くのパブで日本人の情熱であるカラオケがとりいれられています。karaoke と書いて「カリオキー」と発音されています。はじめてこの言葉を耳にしたら、その発音の違いの大きさに、まさか「カラオケ」のことだとは思いもよらないかもしれません。

OK

Well, that was a wonderful meal. Does anyone fancy one for the road at a little karaoke bar just round the corner?
本当においしい食事だったなあ。そこにあるカラオケバーで締めの1杯をやっていかないか?

NG

I'm absolutely stuffed after that meal. I can't walk much further so let's try this little snack over here.
さっきの食事で動けないほど腹いっぱいで苦しいよ。もうこれ以上は少しも歩けないから、ちょっとここにあるのを1口やるとするか。

タレント

talent

● こう聞こえるかも——才能、技芸
● 英語では——entertainer / celebrity / TV personality

　今までに行ったことがなかったり馴染みのない国を訪れると、いつも現地のテレビ番組、特にCMや夕方のバラエティー番組を見るようにしています。たとえ言葉が分からなくても、そのような人気テレビ番組を見ていると、その国の雰囲気、そこで暮らす人々が夢中になっているものやあこがれ、それにユーモアのセンスなどがガイドブックや旅行会社の説明よりもずっと鮮やかに感じられるのです。

　この前日本のクイズ番組を見ていたら、観客にとても人気があるらしい、かわいくて若い女性が出演していました。私は友人に彼女は何者かと尋ねました。すると彼は「タレントだよ」と答えたのです。私はその友人が彼女に「タレント（才能）がある」と言っているのかと思いました。だから、きっと彼女は火のついた棒を空中で操ったり、剣でマジックをしたり、水中でトロンボーン

を吹いたりなどということをやりだすのだと思いました。ところが、彼女はただクスクスと笑ったり、あたりさわりのない話をしたりしただけでした。私はとてもがっかりしてしまいました。

　英語ではタレントというと才能や技能、つまり人が身につけている技術を意味します。和製英語のように、その人の職業を表す言葉ではありません（しかしながら、もうひとつの意味として、俗に不可算名詞で、肉体的に魅力のある人々を表すこともあります。たとえば "She left the party early as there wasn't any talent there at all." 〈魅力的な男性がひとりもいなかったので彼女はそのパーティーから早々と引きあげた〉のように使われます）。

　日本人がタレントという職業を英語で表したいときは、エンターテイナー（entertainer）、セレブリティー（celebrity）、またはＴＶパーソナリティー（TV personality）という言葉を使ったほうがよいでしょう（まあ、英語を母国語とする国でさえもまちがった英語の使い方がされています。ＴＶパーソナリティーと呼ばれる人たちにパーソナリティー〈魅力〉がある人はほとんどいないのですから！）。

OK

I'm a man of many talents; unfortunately they are all hidden talents.

僕は才能にあふれている、が、残念ながら全部隠れている。

NG

They had a singer, a musician, a sportsman, and a comedian on the quiz show, but they had no talent.

そのクイズ番組には、歌手、ミュージシャン、スポーツ選手、そしてコメディアンが出場していたけれど、才能がある人は誰ひとりいなかった。

トランプ

tramp

- こう聞こえるかも——流れ者
- 英語では——カードゲームは cards / playing cards

　だいぶ前のことになりますが、とてもおしゃれで社交的な若い日本人男性に会ったことがありました。彼が拙い英語で、自分の趣味は magic と tramp だ、と私に話したのには驚かされたものです。マジックに関しては何の問題もありませんでした。が、トランプは英語でたいていの場合、落ちぶれ果てた人や流れ者のことか、もしくは評判のよくない女性（決められた規則正しいルートを航海するのではなくいろいろな港に寄港する tramp steamer〈不定期貨物船〉から来ている）を指すからです。この魅力的な若い男性が、不潔なコートとズタズタになったスニーカーを身に着け、もつれた長いつけひげからハトをとりだすところや、黒魔術を使って、貞操観念のない若い女性を自分の隠れ家へと誘い出すところを思い描いた私のボディーランゲージの変化に、彼は気づいたにちがいありません。

166

日本語の「トランプ」は、英語では playing cards、あるいは単に cards、それともトランプを使ってやる poker, canasta, blackjack などなどのゲームの名前自体で呼ばれることもあるでしょう。英語でいう trump は、総じてカードを指すのではありません。あるゲームでは、特定の札や組札、もしくは組みあわせがつねに勝つ、という事実を指すのです。この、特に強い札や組札が、trump card とか trumps と呼ばれるのです。

　この trump という言葉は、16世紀に、triumph（勝利）という言葉のかわりに、カードゲームの際に使われるようになったところに語源があります。そして、トランプ以外の文脈の中でも使われます。利益を得るために使われる手段、特に驚きの要素を含むものは trump です。Come up trumps は、思いもよらず成功した、とか思っていたより上手くいった、という意味です。また、オーストラリア英語で trump は、職権のある人、つまりほかの人に対して権力のある人のことを指します。

　子供の俗語では、楽器の trumpet の音がおならの音と似ていることから、おなら（fart）という言葉のかわりに trump が使われます。この俗語はなんて傑作なんだろうと、子供の頃につくづく思ったものです。その楽器の擬音は子供たちみんなを喜ばせるだけでなく、道理に

もかなっていました。相当な風力と臭気をもって、誰かが腸内のガスを爆発させたら（trump）、そのとき誰がゲームに勝っていたかなど、どうでもよくなってしまいます。敵手たちが吐き気をもよおして外へと避難したあとに、ひとりだけ部屋に残ったその犯人は、掛け金をきれいにかき集めます。戦略の科学的勝利（trump）でしょう！

OK
Some people say she's a tramp, just because she plays poker and smokes cigars.
ポーカーをするし葉巻を吸うという理由だけで、彼女のことを身持ちの悪い女だと言う人たちもいる。

NG
Bored, broke and with nowhere to go, the young gang members decided to do some tramps.
金もなくどこに行くあてもなく退屈なので、その若いならず者たちはホームレスを襲撃することにした。

バイキング

Viking

● こう聞こえるかも── Viking はスカンジナビアの海賊、
biking は自転車乗り
● 英語では── buffet（仏）/ eat all you can / self-service

　英語圏出身の友達を、日本語でいうところの「バイキング（Viking）」に招待することがあったら、ちょっとアドバイスしておくことがあります。その友達は、あなたが話しているのは英語でいう「ビュッフェ（buffet）」のことだと分からないだけでなく、約束の場所にまったくそぐわない服装で現れるかもしれませんよ。

　まず第一の問題は「b」と「v」の発音に関連するものです。日本では「ヴァイキング（Viking）」と発音するべきところを、大体において「バイキング（biking）」と発音します。もしあなたが友達を「バイキング」に誘ってパレスホテルのロビーで待ち合わせをしたら、待ち合わせ場所で、ぴっちりした半ズボンと派手なサイクリング・シャツを着て、スポーツ・サングラスと空気力学的なヘルメットを着けた外国人のことを、ホテルのほか

の客がじろじろと見ているところに出くわしても驚かないでくださいね。

　あなたはその友達をバイキング・ランチに招待したつもりかもしれません。しかし彼は、"Let's go to a buffet on Sunday."（日曜日にバイキングに行きましょう）ではなく、"Let's go biking on Sunday."（日曜日にサイクリングに行きましょう）と誘われたと思っていることから、50kmの自転車レースをするつもりでいるのですから。

　もしあなたが「バイキング」ではなく「ヴァイキング」と正しく発音したとしましょう。友達はそれでも、あなたの意図するところを誤解するでしょう。今回その友達は、パレスホテルのロビーで、動物の皮の服を着て強力な斧を携え、もじゃもじゃひげにぎょっとするような角のついたヘルメットをかぶって、あなたを待っているかもしれません。友達は今回、何かの歴史再現イベントに呼ばれたと思い、9世紀のスカンジナビア船乗り戦士の格好で現れたのです。

　客がいろいろな料理をおのおの自由にとって食べる形式の食事のことを英語では buffet（フランス語の「腰掛け」から）と言い、Viking（強大で毛深い、強姦と略奪が目的の船乗り）とは絶対に言わないことを覚えておくべきです。

いわゆるバイキング形式を表現するのに eat all you can という言葉がレストランでよく見られます。

　また、buffet という言葉に関連して、イギリスの列車では軽食堂車のことを buffet car（到底、高級料理は期待できませんが。テムズ川より古いサンドウィッチとかサハラ砂漠よりもカラカラに乾いたビスケットくらいしかありません）と呼びます。

　Viking という言葉がどうして日本語になったのかは、簡単に理解できます。スカンジナビアの伝統料理のひとつは smorgasbord（スウェーデン語でパンとバターを指す smorgas とテーブルを指す bord から）と呼ばれる、いろいろなトッピングを載せたオープンサンドです。ここから Viking に至るのはしごく簡単なことでしょう。

　美しいノルウェーの町ベルゲンの港市場で、地元の素晴らしい食べ物の数々を幸運にも口にしたことがある人なら誰もが、"Viking" は退廃的でもったいぶった "buffet" と同じくらいによい名前だと分かっていることでしょう。

　私は「バイキング」という言葉の使い方を、英語にもとりいれるキャンペーン活動を行うことにしましょう。なぜならその言葉は、我らが友人である強大な9世紀のスカンジナビア戦士が、取り皿と紙ナプキンを手に列に

並び、礼儀正しく「いえいえ、どうぞあなたがお先に」
と言っている素晴らしい光景も思い起こさせるから！

OK

There was a buffet car on the train, but we didn't go in because a load of football fans were behaving like Vikings.

その列車には軽食堂車がありましたが、サッカーファンの団体が９世紀のスカンジナビア戦士のように振る舞っていたので入りませんでした。

NG

We had a delicious Viking at my friend's wedding reception.

友人の結婚披露宴で、とってもおいしい９世紀のスカンジナビア戦士を食べました。

ヤンキー

Yankee

● こう聞こえるかも──アメリカ人
● 英語では── good-for-nothings / layabouts / hooligans
/ thugs

　英語を母国語とする人たちは、お互いに情愛のこもっ
たもの、嘲っているもの、いろいろなあだ名をつけあい
ます。イギリス人は、アメリカ人からは Limeys（ライ
ミー）、オーストラリア人からは Poms（ポム）と呼ばれ、
ニュージーランド人は Kiwis（キーウィ）として、アメ
リカ人は Yanks または Yankees として知られています。
　あるとき、駅前にたむろしていた、うさんくさそうな
感じの少年たちの集団がいました。それを見て、明らか
に彼らは日本人なのに、友人が「ヤンキー」だと呼ぶの
で私は驚いてしまいました。
　「ヤンキー」という言葉は、第二次世界大戦後、アメリ
カが日本を占領していた時代に借用されたのではないか
と私は思いました。しかしながら友人によると、大阪地
方の俗語に端を発するということです。その語源がどう

であれ、反逆的・無規律で、評判のよくない若者を指して日本人が使う言葉が、親愛をこめて使われることが多い、アメリカ合衆国民を指す英語と同じであるのはちょっと残念です。

　英語で、そのような若者、そしておそらく成人の同類者を表す言葉としては、good-for-nothings や layabouts、hooligans、そして thugs があります。これらは暴力的な態度の傾向によって使い分けられます。最近イギリスで人気のある、そうぞうしく、反逆的で、無作法な若者を指して使われる言葉は chav という言葉です。子供を意味するロマニー語から来ています。けれども、英語のYankee はこの文脈では使われることはありません。

　英語の Yankee の語源は出典によりますが、ニューイングランド地域の初期入植者を呼ぶオランダ語、もしくは、チェロキー族が、同じ入植者を指して使った「奴隷」とか「臆病者」という意味の言葉です。南北戦争の際、自由主義、奴隷解放論者である北東の住民の名としてつけられてから、合衆国民全般を指すようになりました。

　日本語の「ヤンキー」はアメリカとその国民とは何のつながりもないのでしょう。しかしそれでも、アメリカ人の気分を害する可能性もあるので、放縦で荒々しい若

者を意味する言葉として頻繁に声高に使うのは、できれば避けたほうがよいでしょう。

いずれにせよ、日本語には、そのかわりに使える「不良」という素晴らしい言葉があるではないですか。まるで英語の fury（狂暴、復讐鬼）のように響き、シェイクスピアの言葉のように華やかでドラマティックです。

chav の流行が終わったら私は、furyo を英語に採用するキャンペーンをはじめるとしましょう。

OK
Matsui is such a fine player and a great sportsman it's no wonder the fans are proud he wears a Yankees shirt.
松井は優秀な野球選手で、素晴らしいスポーツマンだから、彼がチームの一員であることをヤンキースのファンが誇りに思うのは当然だ。

NG
Although young Yamashita looked like a typical yankee, he was a true gentleman at heart.
山下君は典型的なアメリカ人のように見えたけれど、本当は実に紳士的な男性だった。

5章　恥ずかしい誤解

アメリカン

American

● こう聞こえるかも── have an American アメリカ人と××する / have somebody とは、誰かを叩きつける、打ち破る、もしくは誰かとセックスする、という意味

　かつて一緒に働いていた日本人女性は、そのエネルギッシュさと能力がほかの同僚から賞賛されていました。前の晩に深酒をした飲み会があったときでさえも、翌朝、彼女だけは陽気にそして快活に出勤してきて、すでに世界を相手にする準備も整っていたものです。ある日彼女に、その秘訣は何かと尋ねてみました。すると彼女は英語で "I have an American or two every morning before work."（毎朝、出勤前にアメリカ人をひとりかふたりやってくるのよ）と答えました。私はひどく衝撃を受けて、もうそれ以上は詳細を聞く気にもなれませんでした。

　標準英語で an American はアメリカ出身の男性もしくは女性を指し、have somebody は誰かを叩きつけるとか打ち破る、もしくは誰かとセックスをする、という意味があります。私の同僚の女性は、私たちの想像以上にず

っとエネルギッシュであったようです！

　私自身はヨーロッパ人であることから、自分の身は、彼女の攻撃、もしくは口説き（どちらの意味かは聞きませんでした！）から免れられると思いましたが、念のため、アメリカ人の同僚にはちょっと忠告しておいたほうがよいと考えました。もちろん私は、日本でAmericanと言ったらアメリカの特定の地域で好んで飲まれる種類である、薄めのコーヒーのことを意味するとは知らなかったのです。

　ほかの西洋風の食べ物や飲み物の日本名にも、ときどき困惑させられます。英語でいう tea with a slice of lemon を日本ではレモンティーと呼びますが、こういう名前はレモンつきの紅茶というよりはむしろ、ある会社のマーケティング部がとうとう開発した、味つき紅茶（メロンティー、ラムレーズンティー、刺身わさびティーなどなど）のひとつのように聞こえます。

　コーヒーハウスといえば、同僚と一緒に近くのカフェへ出かけた際の、私のおかしな間違いを思い出します。イギリスでCastellaとは人気がある葉巻のブランド名です。そのため、日本人の同僚に、レモンティーと一緒にカステラを食べないか、と聞かれた際の私の答え、「いや、結構です。私はたばこを吸わないので」は、お決ま

りのシュールな英国調の冗談だと思った同僚の、オチを待つ理解不能の表情で迎えられました。

　日本語の「カステラ」は、ポルトガル語から由来するもので、似たようなお菓子はイギリスではたいてい sponge cake もしくは madeira cake と呼ばれます。でもイギリスでは、日本のカステラの300倍くらいスポンジケーキに砂糖を入れるので、食べる前に心の準備を忘れずに！

NG

Would you like a bit of Danish with your American? Or a French tart?
そのアメリカ人と一緒にデンマーク人はどうですか？　それともフランス人の尻軽女にしますか？

OK

No, thanks. I think I'll stick with a mild blend.
いいえ、結構です。アメリカンコーヒーにしておきます。

コック

cock

● こう聞こえるかも──おんどり、男性器、ペニス
● 英語では── chef（仏）/ cook

　日本人の友人が、東京で山手線の高架下にぎゅうぎゅ
うと立ち並んでいるところによくあるような、質素だけ
れどもおいしいレストランでの夕飯に招いてくれました。
私が料理に舌鼓を打っていると、友人は、私を cock に
紹介しようと言い出しました。私たちは日本酒を何杯か
飲んではいたけれども、彼のろれつをあやしくするほど、
また、私の聴覚をおぼろにするほどに飲酒したわけでは
なかったので、これは英語ではなく、彼は和製英語の意
味で「コック」という言葉を使っているにちがいないと
思いました。

　英語では食事を用意する人のことを cook と言います。
もしそれが本職の調理人で、ホテルやレストランで働い
ているような人たちなら、chef（長とか支配者という意味
のフランス語から）と呼ばれます。友人は「コック」で
はなく、「シェフ」に私を紹介しよう、と言うべきであ

ったのです。

　さらに悪いことには、cock という言葉には含蓄があり、そのせいで私は、そのおいしい食事を用意した男性の容姿を、2メートル以上で筋骨隆々、日焼けした肌におそらく細い口ひげを生やし、下半身にピッタリとしたジーンズを身に着けている、と思い描いてしまいました。

　英語の cock でその意味のひとつは雄鶏という言葉 cockerel から由来しています（ちなみに米語では rooster と言います）。たとえば、cock of the walk や cock of the north という表現は、ほかの動物においても、群れの中で権力を持つ雄がいるように、近所やその地域の支配的で攻撃的な男性像を意味するのです。

　そして、最も通俗的で卑猥な cock の意味は、ペニスを指すものです。レストランでの会話にはまったくもって適さない話題ですよね（とはいえ、ペニスと食べ物の関連性は、近年大衆化しているイギリス英語で、婉曲的に男性器を呼ぶのに lunchbox〈ランチボックス〉が使われるのに、裏づけされているのですが。ちなみにこの lunchbox という言葉は、あるスポーツ解説者が、某陸上選手の下半身を表すにあたって何の関係もないこの言葉を突然使ったところ、国中の話題になって定着したものです）。この用法から、16世紀には「好色な」という意味であった形容詞 cocky

は、「横柄な」とか「気どった」または「したい放題の」という意味で現在は使われます。

　イギリス英語では、何かをぶち壊しにするとかだいなしにするという意味の表現、cock something up をよく耳にします。あなたがもし、私と同じように料理下手なら、和製英語の cock が、実は適切な表現であると知っているはずです。コックとは、チャーハンかカレー程度の料理以外は調理しようとしても cock up（だいなしにする）してしまう人のことなのですから。

OK

He's no chef; everything he tries ends up a right cock up.
彼をシェフとは呼べないな。何をつくっても、まったく食べられたものじゃないよ。

NG

The cock says he recommends the sausage and meatballs for your lunchbox.
ペニスのお勧めランチボックスは、ソーセージとミートボールです。

デリバリーヘルス

Delivery Health

● こう聞こえるかも──宅配健康 / Delhi Hell「インドの都
市デリーでの地獄」、とも聞こえる

　ある種の日本人の、商売のアイディアを実現して金儲
けをすることの上手さにはまったく驚くばかりです。

　郵便受けに投函されたチラシには、水着姿のきれいな
女性の写真と、目立つローマ字で書かれた "Delivery
Health" という宣伝文句が刷られていました。うーん、
健康の宅配。つらい目にあうこともなく、痛みもなく、
法外なスポーツジム料金も必要ない。夢のようじゃん！
チラシの電話番号に電話したら、私もわずか60分で写
真の若い女性のように健康的で魅力的になれるような商
品が入った箱が届けられるのだろうな（まあ、もちろん、
彼女ほど魅力的にはなれないだろうけれど）。

　私は興奮気味にくだんのチラシを妻に見せました。と
ころが、私の妻はそんなに感激したようではありません
でした。と、自分の目の周りのあざと骨折した2本の肋
骨、そして、家の外に投げ捨てられて雨に打たれて泥だ

らけになっている自分のシャツとＣＤから私は推測しました。Delivery Health を何かいかがわしい商売とは気づかずに、言葉どおりに宅配健康そのものだと思ったのは私の間違いだったのです（ファッションマッサージとメンズエステでも同じような間違いをしたことがありました。前者は流行のニューエイジの健康療法のこと、後者は肌質を改善する方法のことにちがいないと思ったのです。そのような言葉が、英語でいう massage parlor〈いかがわしいマッサージの店〉と同じことだなんてまったく思いもしませんよ）。

　さらに、Delivery Health（デリバリーヘルス）が和製英語として短縮され、「デリヘル」となることを知りました。そしてそれはまるで、Delhi Hell（インドの都市デリーでの地獄）と言っているように聞こえる、という事実もおもしろいと思いました。私の想像した、宅配健康としての「デリバリーヘルス」が素晴らしく魅力的なアイディアなのに対し、デリーでの地獄、デリヘル（Delhi hell）は決して健康に良いものではありません。この言葉からは、何年か前にインドを旅行していたとき、友人が考えもなしに、生水を飲まないようにという注意を無視したときのことが思い出されます。生水を飲んだ友人は「デリヘル」として知られる病状（激しい嘔吐と下痢）のせいで、数日間というもの、ホテルのトイレか

ら離れられなかったのです。

OK

He was ripped off by some call girl working for a bunch of local hoods who run a massage parlor.

彼は、いかがわしいマッサージの店を経営する地元のならず者の下で働くコールガールにぼったくられました。

NG

Call this number if you feel like some Delhi Hell; and you can always get a fashion massage or Men's Esthetic any time on the west side of the station.

デリーでの地獄をご希望でしたらこの番号にお電話を。いつでもファッショナブルなマッサージと紳士の美容トリートメントを駅西口でお楽しみになれます。

ダッチワイフ

Dutch wife

● こう聞こえるかも——オランダ人の妻
● 英語では—— blow-up doll

　日本人の友人と私は、飲み屋で国際結婚について話していました。私は、近所の男性の相手はダッチワイフだった、ということに触れました。すると、突然周りの人たちの会話が途切れ、何人かの女性は恥ずかしさで顔を赤くしました。オランダ人の奥さん（Dutch wife）を持つことがそんなに驚くべきことだったとは、私は全然知りませんでした。

　オランダ人のみなさまは英語の俗語で不当にばかにされているけれども、空気で膨らませる人形（blow-up doll）のことをダッチワイフと呼ぶなんて、今まで聞いたことがありませんでした。英語ではよく、Dutch courage（普段は弱々しく臆病なのでお酒の力を借りて気を大きくすること）や going Dutch（デートの支払いをワリカンにする）、それから Dutch caps（女性用避妊具）や Dutch feast（主催者が、客が来るよりも前にすでに酒に酔

っているパーティー)、またちんぷんかんぷんな話のことを double Dutch と呼んだりもします。

　ほかにも Dutch に関連した表現はたくさんあります。でも、オランダ人の妻という意味以外で Dutch wife という言葉が使われるのは、そのときまで聞いたことがありませんでした。

　Dutch wife は日本語で広く使われていますが、英語ではほとんど使われず、ふつうは、実に率直な blow-up doll という言葉が使われます。しかし実は、ルーツは英語にあるのです。オランダはその昔、政治と貿易においてイギリスのライバルでした。そのため、遺憾ではありますが、イギリス人がオランダ人から、道徳的放縦、けち、臆病者、酔っ払い、などを連想してきたのは当然でしょう。ちなみに Dutch wife は 17 世紀の言葉で、もとはといえば、東インド諸島オランダ領で使われていた籐製の抱き枕を指すものでした。

　しかしなぜか、昔のイギリスのほかのライバル国民たち、たとえばフランス人は、オランダ人と比べると、侮蔑の程度がずっと軽くすまされたようです(フランスに関連した英語の表現には French kiss〈濃厚なキス〉や French letter〈コンドーム〉などがありますが、このふたつの表現に関してはフランス人の性に対する情熱を表している

というよりも、イギリス人があまり情熱的ではないということを表していると言えるかもしれません！）。

　Dutch wife という言葉は英語でよりも日本語でずっと日常的に使われていますが、オランダ人はイギリス人に仕返しするために、ダッチワイフのことを逆に "English wife" と呼びたいかもしれませんね！

OK
When his girlfriend found the blow-up doll in his cupboard, he claimed it was a joke for his mate's stag night.
彼のガールフレンドが戸棚からダッチワイフを見つけたとき、彼は、友達の独身さよならパーティーのいたずら用だよ、と言い訳した。

NG
My friend's got a Dutch wife; she's got very realistic hair and came with a twelve-month guarantee.
友達の奥さんはオランダ人です。髪の毛は本物みたいだし、12カ月の保証つきです。

グラビア

gravure

● こう聞こえるかも——感銘を受ける（How does that grab you? など）
● 英語では—— glamour photos / cheesecake / Page Threes

"How does that grab you?" という英語の表現は、くだけた場面で、人が何かに感銘を受けたかどうか聞くのによく使われます。"Grab you" はグラブヤと発音されることが多いことから、私はしばらくの間、グラビアという和製英語はこの表現から派生しているか、もしくは何か関係があるのだろうと確信していました。

先日、ある雑誌をペラペラとめくっていると、英語でglamour photos と呼ばれるような、光沢写真のページが何ページかあるのに気がつきました。私は同僚に、政治や社会、そして経済問題を主に扱っている雑誌で、どうしてこのような写真が掲載されているのか尋ねました。すると彼から、それはグラビアだよ、という答えが返ってきました。そこで今度は、グラビアとは何かと尋ねました。その質問に対して彼が主張するには、グラビアと

いう言葉は英語のはずだ、ということでした。でも私には、いったい何のことを言っているのかちっとも分からなかったのです。

　それに、どうして真面目路線の雑誌にそういうセクシーな写真のページがあるのでしょうか？　もしかしたらこの雑誌は民主主義的な立場にのっとり、どんな人でもつねに情報を与えられ、教養を磨けるようにするための誘いとして、このような写真を使っているのではないかと考えたりしました。そうでもなければ、同じ雑誌の中に、国際為替相場の仕組みについての重々しい討論と、お気に入りのビキニに身を包んだマイちゃんの写真の両方が載っているなんておかしな事態の説明はつきません。

　和製英語の「グラビア」が photogravure から成立した言葉だとは、すぐには気づきませんでした。Photogravure とは、エッチングした金属の板やロールを使って、写真を雑誌や本に印刷するのに用いられる技術のことです。日本でグラビア写真と呼ばれる種類は、英語で glamour photos とか、もう少しくだけた言い方では cheesecake と呼ばれます。トップレス写真のように露出度がもうちょっと高いものは、人気のあるスポーツ新聞に関連して、イギリス英語では Page Threes として知られています。スポーツ新聞紙『The Sun』がかつて、

3ページ目に毎日、そういった種類の写真を掲載していたのです。

　もっとどぎつい写真は soft porn と言われたりもしますが、これもまた和製英語である hair nude は英語で使われることはありません。しかし、ヘアー・ヌードってどんな意味でしょう？　帽子をかぶっていないモデルの写真？　Hair とは頭の毛のことで、pubic hair が、若く美しくてもずいぶん高額なお金をもらわないかぎり隠しておく、下のほうにある毛のことです。だから本当は、hair nude ではなくて full-frontal nudity とか full-frontal photos と言われるべきなのです。

OK

It's hard to believe tabloid newspapers used to be full of topless models trying to grab your attention.

スポーツ新聞がかつて、購読者を集めようとトップレス写真ばかり掲載していたなんて、信じられないことだ。

NG

Come on back to my place and I'll take a couple of portraits and "grabia".

僕の部屋においでよ。何枚か写真を撮って、「揉んで」あげるよ。

ソープ

soap

● こう聞こえるかも——せっけん / テレビの連続ドラマ
（soap opera）
● 英語では—— bordello / house of ill repute / whorehouse
/ knocking shop

私の教えていた若い日本人男子学生はイギリスで、和製英語の soap のおかげでとんだ恥をかいてしまいました。

その青年は快適な家で小さな子供たちのいる魅力的な中産階級の家族と暮らすホームステイを楽しんでいました。彼は英語にそれほど堪能ではありませんでしたが、一生懸命努力していました。彼はホスト・マザーとホスト・ファザーに、日本の学校で教えられたような英語ではなく、もっと自然な英語を話せるようになりたいと相談しました。

彼のホスト・ペアレンツは、日常英語を学ぶには the soaps がおそらく最適な場であろう、と話したそうです。

どういうわけかその学生はこのアドバイスに驚いたようでした。それは非常によいアドバイスにちがいないと

思った私は、「申し出を受け入れて、その家庭にホームステイしている間に、ソープをいくつか毎週一緒に楽しめばいい」と彼に言いました。私は、和製英語にソープという言葉があり、英語の soap（人気のある、テレビやラジオの連続ドラマのこと）は、和製英語の「ソープ」とまったくちがった意味であると気づくまで、彼の軽蔑したような態度は上品ぶった soap 嫌いからくるのであろうと考えていました。

この soap は soap opera のことです。かぎられた数の家族や登場人物の日常をもとにした連続ドラマのことですが、ソープ・「オペラ」だなんてずいぶん大げさで皮肉な名前ですよね。そして、その soap という名前は、洗剤の巨大複合企業Ｐ＆Ｇがほかの企業に先駆けて、そのようなドラマ番組のスポンサー会社となったことに由来します。Ｐ＆Ｇは、その手の番組を見る人が多く、また、洗剤や石鹸の主な購買者でもある主婦層の視聴者が多いであろうことを見こんで、効果的な広告ができると踏んだわけです。

日本語の「ソープ」は丁寧な英語で bordello とか house of ill repute の類い（通俗的な英語では whorehouse や、knocking shop）と言われます。

その若い学生は日本語の意味で soaps を考えたのです。

Soaps の間に彼がどうやって英語の上達に集中できると思われているのか、不思議に思ったにちがいありません。そして、そのような活動に他人を招き入れても問題ないと思っているなんて、そういうイギリス人の道徳についても驚いたにちがいありません。いったい、彼がどこに辞書を入れておこうと思っていたのかは、神のみぞ知ることでしょう。

　ソープと呼ばれる連続ドラマは格好の英語上達法です。ドラマの中の自然な文脈で英語に触れられるだけではなく、イントネーションや身振り、立場、表情など言葉以外の技術の重要な手本でもあります。そして、ドラマに引きこまれて物語の展開を確かめずにはいられなくなると、定期的な勉強をすることの励みになります。友達にどうやってそれほど英語を上達させたのか聞かれたら、ソープ大学で勉強したからだと言って、ぎょっとさせることもできるでしょう。

OK

For a house of ill repute, Chez Mimi had a very good reputation.
売春宿といえば世間の評判が悪い場所であるが、シェ・ミミという売春
宿は客からの評判が大変よい。

NG

Strictly speaking, what goes on in a soap is illegal in Japan.
厳密に言えば、テレビの連続ドラマの中で起こっていることは、日本の
法律に反します。

ヴァージンロード

Virgin Road

● こう聞こえるかも―― ヴァージンになるための道、ヴァージンと称する女が並んでいる道路
● 英語では―― down the aisle

　数週間後に義妹が結婚式を挙げるにあたり、日本で西洋式と呼ばれる挙式を選びました。義妹によると、日本人の基準から見て地味な結婚式になるそうです。が、彼女の家中に散らばった結婚式関係の雑誌や、式関連の品が次から次へと配達されてくるさまを見るかぎり、私が今まで出席したどの結婚式よりも盛大なものになりそうです。最近日本の若い人たちの多くが、海外で簡素な結婚式を挙げるという選択肢を選ぶのもうなずけることです。どうしてそんなに多くの招待客が必要なのでしょう？　どうしてドレスが何枚も要るのでしょうか？　そして「ウエルカム・ベア」とはいったい何なのでしょう？

　私は結婚式の話にちっとも関心がなかったけれど、義妹が、Virgin Road とかいうものについて話しているのが聞こえてきたので、耳をそばだてました。きっと自分

が聞きまちがえたにちがいないと思いましたが、義妹は、たしかに自分はウエディングドレス姿でヴァージンロード（英語ではふつう down the aisle と言いますが）を歩くのだ、と認めました。

　伝統から決別した現代の社会に生きる人たちは、結婚式に際して、通路をヴァージンと歩くものだとも、さらには、歩きたい、とも思わなくなりました。だから、Virgin Road とはヴァージンである花嫁もしくは花婿の、選ばれた伴侶と一緒の未来へと続く道、というものとは別の意味があるにちがいないと推測しました。

　腹を立てた義妹は、私の歪んだ熟考とは反対に、ヴァージンロードの名は、幸せなふたりが喜ばしい出立をはじめる、その前人未到の道の純潔さに関連しているのだ、と説明して私の疑念を払拭しました。もしこんな説明を信じられるなら、この世の中の何だって信じられますが。

　真実がどうであれ、road という言葉にはトラックがびゅんびゅん通るようなイメージがあるので、その通路は Virgin Walk や Pure Path とかいった名前であったほうがきっとずっとふさわしいと思います。

OK

We never thought we'd see him walking down the aisle, but a shotgun between the shoulders can be quite persuasive.

彼が結婚することになるなんて考えもしなかったけど、ショットガンで脅されたらするしかないよね。

NG

Friends and family of the porn stars wept tears of joy as the couple walked down the virgin road.

ポルノ俳優カップルの友人や家族は、ヴァージン通りを歩く二人を見ながら、喜びの涙を流しました。

おわりに

「恥ずかしい！」これは私が日本に来て最初に覚えた言葉のうちのひとつです。以来、最も頻繁に使っている言葉でもあります。一般的に、日本人もイギリス人も共通して恥ずかしさを嫌います。遠慮しがちで人目を気にする国民性のためでしょうか。

　日本で素敵な人たちに出会い、親しくなれる機会に恵まれた私は幸運でした。それから長い時間を経た今でも、彼らと話題にのぼるのは、むかし英語でのコミュニケーションの中で起きた互いの恥ずかしい間違いの話です。そして、私が彼らと親しくなることができたのは、その恥ずかしい経験があったからにほかなりません。

　大切なことは、間違いを怖れず、間違ったとしても、ユーモアをもって対処することです。あなたが間違いを恥ずかしがれば、相手も居心地が悪くなり、コミュニケーションは行きづまってしまいます。反対に、あなたが自分の間違いを笑いとばせるくらいの態度でいたならば、相手もリラックスして会話を楽しめるのです。

　あなたの英語が通じなかったからといって、落ちこむ

こともありません。その同じ英語が、ほかの人には通じたかもしれないのですから。英語にも話される国や地域によってそれぞれ特色があり、同じ英語圏であっても使用法がまったくちがうこともあるのです。つまり、英語を母国語とする人どうしであっても、会話の意味を問いたださねばならない状況もありうるのです。

　本当にばかげていて恥ずかしいこととは、新しい友人をつくったり、おもしろい人と話す機会があるのにそれをみずから避けることなのです。

　私は恥ずかしい誤解もあとには楽しい思い出となることをこの本で示しました。それを読んだあなたに自信を持ってくださいというメッセージが伝わったなら幸いです。

「恥ずかしい！」は英語で "How embarrassing!" です。あなたがこの言葉を使う機会が多々あることを願っています。Good luck!

スティーブン・ウォルシュ

本書は、2005 年 10 月に草思社より刊行された
『恥ずかしい和製英語』に加筆・修正し、改題の
うえ文庫化したものです。

和製英語
伝わらない単語、誤解される言葉

スティーブン・ウォルシュ

令和 2 年 1 月25日　初版発行
令和 6 年 12月15日　3 版発行

発行者●山下直久

発行●株式会社KADOKAWA
〒102-8177　東京都千代田区富士見2-13-3
電話　0570-002-301(ナビダイヤル)

角川文庫 22014

印刷所●株式会社KADOKAWA
製本所●株式会社KADOKAWA

表紙画●和田三造

●お問い合わせ
https://www.kadokawa.co.jp/（「お問い合わせ」へお進みください）
※内容によっては、お答えできない場合があります。
※サポートは日本国内のみとさせていただきます。
※Japanese text only

©Stephen James Walsh 2005, 2020　Printed in Japan
ISBN 978-4-04-400537-5　C0182

◆◇◇

角川文庫発刊に際して

第二次世界大戦の敗北は、軍事力の敗北であった以上に、私たちの若い文化力の敗退であった。私たちの文化が戦争に対して如何に無力であり、単なるあだ花に過ぎなかったかを、私たちは身を以て体験し痛感した。西洋近代文化の摂取にとって、明治以後八十年の歳月は決して短かすぎたとは言えない。にもかかわらず、近代文化の伝統を確立し、自由な批判と柔軟な良識に富む文化層として自らを形成することに私たちは失敗して来た。そしてこれは、各層への文化の普及滲透を任務とする出版人の責任でもあった。

一九四五年以来、私たちは再び振出しに戻り、第一歩から踏み出すことを余儀なくされた。これは大きな不幸ではあるが、反面、これまでの混沌・未熟・歪曲の中にあったわが国の文化に秩序と確たる基礎を齎すためには絶好の機会でもある。角川書店は、このような祖国の文化的危機にあたり、微力をも顧みず再建の礎石たるべき抱負と決意とをもって出発したが、ここに創立以来の念願を果すべく角川文庫を発刊する。これまで刊行されたあらゆる全集叢書文庫類の長所と短所とを検討し、古今東西の不朽の典籍を、良心的編集のもとに、廉価に、そして書架にふさわしい美本として、多くのひとびとに提供しようとする。しかし私たちは徒らに百科全書的な知識のジレッタントを作ることを目的とせず、あくまで祖国の文化に秩序と再建への道を示し、この文庫を角川書店の栄ある事業として、今後永久に継続発展せしめ、学芸と教養との殿堂として大成せんことを期したい。多くの読書子の愛情ある忠言と支持とによって、この希望と抱負とを完遂せしめられんことを願う。

一九四九年五月三日

角川源義

角川ソフィア文庫ベストセラー

訓読みのはなし
漢字文化と日本語　　　　笹原宏之

気持ちをあらわす
[基礎日本語辞典]　　　　森田良行

違いをあらわす
[基礎日本語辞典]　　　　森田良行

時間をあらわす
[基礎日本語辞典]　　　　森田良行

思考をあらわす
[基礎日本語辞典]　　　　森田良行

言語の差異や摩擦を和語表現の多様性へと転じた訓読みは、英語や洋数字、絵文字までも日本語の中に取り入れる。時代の波に晒されながら変容してきたユニークな例を辿り、独自で奥深い日本語の世界に迫る。

「驚く」「びっくりする」「かわいそう」「気の毒」など、普段よく使う言葉の中から心の動きを表すものを厳選。日本人特有の視点や相手との距離感を分析し、使い分けの基準を鮮やかに示した、読んで楽しむ辞書。

「すこぶる」「大いに」「大変」「なんら」など、普段使っている言葉の中から微妙な状態や程度をあらわすものを厳選。その言葉のおおもとの意味や使い方、差異を徹底的に分析し、解説した画期的な日本語入門。

日本語の微妙なニュアンスを、図を交えながら解説する『基礎日本語辞典』から、「さっそく」「ひとまず」など、「時間」に関する語を集める。外国語を学ぶとき、誰もが迷う時制の問題をわかりやすく解説!

「しかし」「あるいは」などの接続詞から、「〜ない」「〜なら」などの助動詞まで、文意に大きな影響を与える言葉を厳選。思考のロジックをあらわす言葉の使い方、微妙な違いによる使い分けを鮮やかに解説!